踢爆香港 都市詐騙術

作者	重案起底組
出版	超記出版社（超媒體出版有限公司）
地址	荃灣海盛路 11 號 One MidTown 2913 室
電話	（852）3596 4296
電郵	info@easy-publish.org
網址	http : //www.easy-publish.org
香港總經銷	香港聯合物流有限公司
上架建議	流行讀物
ISBN	978-988-8670-63-5
定價	HK$88

Printed and Published in Hong Kong

Contents

目錄

CH. 1

求職騙案

　　求職騙案手法層出不窮，以往街知巷聞的模特兒公司騙案，開始轉變行騙模式，騙徒大多會兜搭途人，詢問衣著尺碼，聲稱聘請「試身員」，並大彈皮膚差，推薦往美容院做昂貴的美容療程。不良公司為了哄受害人落疊，會借名人過橋「扮大公司」，又訛稱某名模都是由該公司安排廣告，受害人最終奉上數千至數萬元費用後，卻未獲安排任何模特兒工作。

　　有些無良公司更離譜，名義上招聘送貨員、售貨員、辦公室助理、秘書或卡拉OK伴唱等，「上釣」後才發現要從事不法勾當，例如售賣翻版、冒牌或虛假貨品、進行淫穢活動等，一旦被警方拘捕後，還要一力承擔所有罪行。

01
先降低你戒心，後鑿你一筆

傳媒不斷報導模特兒騙案，偽冒模特兒、廣告製作公司為了減低你的戒心，令你防不勝防，行騙手法已出現變種！

🔍 個案透視

陷阱 1：不急於求利，三個月後才露出狐狸尾巴

芳芳在地鐵站遇到「星探」，對方指芳芳很適合拍廣告，芳芳不虞有詐，就留下電話作為聯絡。

數天後，芳芳獲邀上公司試鏡及拍下硬照，一直毋須付款。豈料三個月後，公司再指有廣告介紹給芳芳接拍，不法分子終露出「狐狸尾巴」，遊說芳芳除了拍硬照外，要接受訓練才可以拍電影，又要她報讀價值萬多元的訓練課程。

後來，芳芳上網翻查，才知該公司是「黑店」，頓感晴天霹靂。據知，這類騙案的黑點，是旺區鬧市如尖沙咀、佐敦及銅鑼灣等。

陷阱 2：模特兒試鏡女子遭假星探綁劫

Amy，一名「發明星夢」的年輕女子，最終誤墮騙財的陷阱。

匪徒假扮星探在報紙刊登招募模特兒廣告，Amy 不虞有詐致電應徵；Amy 凌晨應約到旺角一間賓館租房「試鏡」，結果慘遭匪徒用綑綁洗劫，掠去百元現金及信用卡，Amy

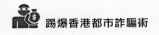

待賊人逃去後，始敢自行鬆綁報警。

陷阱 3：「試鏡」變「試鐘」

    Zoe 被報章上一份招聘廣告吸引，職位是「三級片演員」，四日薪金可達五萬元，幾乎是低下階層打工仔的年薪，廣告內文更提及歡迎學生及無業人士，要求年齡十七至四十歲，男女均可。Zoe 不虞有詐，決定應徵，最後被一名「星探」騙往旺角一賓館開房進行「試鐘式」試鏡，除獻出肉體外，更被要求擺出 SM 性虐待姿勢，結果全身赤裸被綑綁，身上僅有一百元現金及信用卡亦被洗劫一空，Zoe 不但明星夢碎，更人財兩失，悔恨已晚。

🔍 行騙模式大踢爆

1. 現行的偽冒模特兒、廣告製作公司不會再以「模特兒公司」自稱，而改為「廣告製作公司」、「製衣公司」，或者公司是做「Production 製作」的，藉以先減抵受害者的戒心，但萬變不離其宗，目的都是以各種理由騙取你一筆款項。

2. 模特兒公司高層在街上專揀不惡、不起眼或衣著老土者來誘騙，貪其易上手。

3. 一般模特兒騙案的受害人是女性，於是騙徒特別看準戒心較低的男士下手。

4. 以往這些「模特兒騙案」都是「快刀斬亂麻」式即日哄騙求職者錢財，如今則是「放長線釣大魚」，以 3 個月時間令求職者降低戒心才來欺騙。

5. 受害人到製作公司後，職員以一對一形式，探聽事主經濟

能力。騙徒會向有經濟能力的事主表示，選中其出任美容院「代言人」，參加萬幾元的美容課程；沒有經濟能力者，騙徒會遊說對方拍攝一輯千多元至三千多元的硬照。受害人付款後，不會獲得安排任何模特兒工作。

6. 以下是一般偽模特兒公司的行騙五步曲，大家要提高警覺：

Step 1： 模特兒公司高層在街上專揀不惡、不起眼或土氣者；

Step 2： 星探睇中「水魚」後，從後拍「水魚」膊頭，並說：「有沒有嚇親你呀？我們本身是做廣告的，有個 Job 覺得好適合你，想推薦你去試鏡！請問你身上有沒有近照？」並派卡片，著「水魚」寄相給他們；

Step 3： 星探會邀請「水魚」上公司，並說：「我們不收錢的，如果你驚可以叫多一兩個人上來！」藉以減低「水魚」戒心；

Step 4： 接觸第 3、4 次時，模特兒公司會跟「水魚」說：「由於傾合約屬商業秘密，不可以帶同其他人上來！」

Step 5： 模特兒公司批評「水魚」外表，遊說「水魚」要事先參加昂貴的攝影、美容或化粧課程後，才可拍廣告。

7. 偽冒公司表明收費後，受害者大多會猶豫，甚至不想繳付此筆費用，偽冒公司職員會向受害者極力遊說及施加精神壓力，期間職員可能會對受害者發脾氣、俾面色給受害者看，以圖用硬功迫令受害者交出款項，又或者會用單打式心理戰的說話，說個個加入的人都要付款，職員更表明受害者若不付錢，便會有種很「Cheap」的感覺。

8. 一般電影公司不會公開聘請新人，新人入行的方式五花八

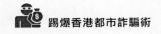

門，一般發明星夢的少女最易上釣，她們急於入娛樂圈，騙徒佯稱做某些行為就可以一炮而紅，她們急於想成名，往往會孤注一擲，對陌生人疏於防範，身陷險境都不知。少女又入世未深，經假星探誤導和聳悳下，往往誤以為到賓館租房「試鏡」，甚至獻出肉體是正常的。

🔑 精明防騙之道

1. 大家要提防：正當的模特兒公司，不會向被邀試鏡的人收取任何費用。若要先收費，就一定是騙人！

2. 上門時，最好約朋友或家人一同去，因為大部分騙人的 model 公司都鍾意用一班人遊說，用壓力逼你交錢，所以最好有人陪伴左右，保持頭腦清醒。此外，由親友陪同，這樣可以為公司的失實陳述提供佐證。

3. 若無法充分理解合約內容，切勿簽署。

4. 若有人答允給予報酬異常優厚的模特兒工作，應抱持懷疑態度。

5. 要求對方出示證明文件，並加以細閱。

6. 若有人慫悳你不要詢問親友的意見，應提高警惕。

7. 搵工做是要賺錢，若要先繳付大量金錢，便要提高警覺。

8. 要成為明星，不可能一步登天，更不可能初出道便有四日五萬元的優厚片酬。信譽好的電影公司或模特兒公司在招聘試鏡時，多在公開場合進行，絕不會鬼鬼祟祟在賓館試鏡。

9. 電影公司請人拍戲一般不會在報紙登廣告，而是直接找代理公司或模特兒公司代尋合適人選。

10. 有信譽的公司絕不會在賓館試鏡，亦不會叫人除衫。不要隨便輕信陌生人或貿貿然跟人往酒店賓館。

11. 要留意招聘廣告是否有可疑，例如毋須學歷但薪酬優厚等，要格外提防。

12. 不要輕易將財物和個人證件交給陌生人。

13. 到陌生的地方，切忌隨意飲用預先安排的飲料，若因事離開座位，返回座位後不宜再飲用同一杯飲料，以防有人趁機在飲料中暗下藥物。

02
扮好心，哄你讀昂貴課程

街上有很多騙徒會利用你的同情心騙財，你心想江湖救急揸義氣幫幫他也無妨，結果搞到一身蟻。

🔍 個案透視

陷阱 1：想你江湖救急揸義氣

一天，Mico 逛街時，遭到一位陌生人搭膊頭，陌生人對她說：「我公司的模特兒剛剛走了，我們的廣告趕住出街，你很適合做我們的模特兒，有興趣上來我公司試鏡嗎？幫幫手呀！」

Mico 心想江湖救急揸義氣幫幫他也無妨，接著就跟著這位陌生人上到一間模特兒公司。公司職員要求她自我介紹一下之後，就找來自稱是美容化妝師的人過來測試 Mico 的膚質，又佯稱 Mico 的膚質欠佳，會影響廣告的質素。如果要以最美的姿態示人，就要付二千多元的美容療程費用。

Mico 起初很猶豫，但公司話廣告酬勞達一萬元，二千多元只是「濕濕碎」，Mico 不虞有詐，又心急想賺這筆意外之財，於是付了美容費。豈料，Mico 再上公司打算接受美容療程時，職員話公司已易名，不再提供美容服務，就打發她離去。但最吊詭的是，Mico 今次所見的都是同一批職員。

陷阱 2：聲淚俱下博同情

一天，Mable 和朋友一齊前往一間模特兒公司的講座，了解一下模特兒的行情，詎料送羊入虎口。

公司使用人海戰術人釘人，逐個遊說參加者入會成為旗下的 Mable，又話大好前途在你手，不要錯過機會等等。Mable 和朋友猶豫不決，遊說她倆的女子開始苦口苦面，差點聲淚俱下，話如果她倆放過機會，她會被上司責罵，甚至炒魷！隔了不久，一位貌似上司的職員走過來，真的斥責這名女子，Mable 和朋友一時心軟，真的透過信用卡交了入會費。

事成之後，職員又遊說她們參加一連串的美容課程，以改善膚質，又大落嘴頭說：「你唔著緊自己前途我都無辦法，但我真係關心你，才想你好！」

最後，Mable 和朋友各自交了幾萬元費用，但只做了一次美容療程，公司就結業了！

陷阱 3：外表平實，內裡詭計多端

外表 30-40 的女性，帶有些少鄉音，打扮平實無華，態度誠懇，與一般「把口浸過油」的人不同，但這些人往往是最可惡的騙徒！

有一次，林小姐行經尖沙咀金馬倫道，一名女子走近向她兜搭「你係唔係著大碼衫呀？」

她之後自稱是製衣公司職員，急需兼職試衫模特兒，「拍運動衫每次百二，拍時裝照就百五元一次」，自認身材略胖的林小姐見酬勞吸引，就跟隨該女子到附近的商業大廈一家公司試衫。

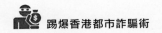

　　林小姐試了兩件衫，公司一名自稱經理女子出現，並判斷林小姐符合公司試衫模特兒的要求，但皮膚及身形有待改善，於是帶她到位於同一條街另一商廈的美容公司，進行皮膚測試。

　　經過簡單測試，美容公司職員提議她參加一個二百多元的的美容療程，但要一次過購買一百次服務，即近三萬元，林小姐經不起遊說，終於取出信用卡先付六千元訂金。

　　過了一個月，林小姐數度致電製衣公司詢問是否有工作，職員回覆都是「未有安排」；她致電美容公司預約時間進行療程，職員同樣以時間已被人訂滿，未能安排。

　　在一次偶然談話間，林小姐竟發現身邊一名朋友有同樣遭遇，而且付出的金錢石沉大海，她始知受騙。

🔍 行騙模式大踢爆

1. 人的感情最容易被利用，騙徒會以不同的藉口動之以情，例如說：

- 我公司模特兒剛剛走了，廣告又趕住出街，你很適合做我們的模特兒，有興趣上來我公司試鏡嗎？幫幫手呀！

- 小姐，你可能發夢都諗過自己做到 Model 呢！其實，你很有潛質的，你報讀我們的培訓課程吧，完成後包你改頭換面。

- 我有個朋友很想讀這個美容課程，希望改變自己，開展不一樣的人生。

  但她話要考慮吓，點知三個月癌症末期死了，唉 ......真可惜……（說時聲淚俱下）。你有幾多歲命無人知，但你要珍

惜眼前每一天，珍惜眼前每一個機會，才會無憾終生啊！

- 咁有意義的課程你快點報名啦，我俾你走咗，上級會怪責我……怪我無好好勸你 (說時聲淚俱下)。

- 宜家剩番幾個位咋，你宜家唔報名，一陣間就無位啦！咁寶貴的機會放過咗就無㗎啦！

- 小姐，你希望人生有甚麼改變？你甘願一世都是這樣嗎？小姐，如果你有興趣，我帶你前往我們公司聽一個有關人生的講座。

- 我很心痛你，我心痛你點解咁唔著緊自己，明明是做 Model 的好材料，大好機會擺在目前，你都咁猶豫不決。

- 要你讀咁好的課程，你都咁猶豫不決，反映你的人生在不同方面都是這麼猶豫不決。你以往的人生是否也浪費過很多寶貴機會？

  以上動人的說話，只有一個目的，就是要你付錢報讀他們的美容課程。你第一次成功被哄，公司就會繼續以不同理由榨取你更多金錢。

2. 當你被哄到去一間公司後，公司職員會以各種理由要你關掉手機，甚至扣留你的身份證和信用卡，務求令你無法脫身，一直到聽完講座及付款購買該公司的服務為止。他們就會利用講座這段黃金時間替你洗腦，令你誤信自己真是不可多得的 Model 奇才，如果唔接受該公司的培訓，大好機會就會溜走云云。

精明防騙之道

1. 無論去到哪裡，你的手機、身份證、信用卡和提款卡等

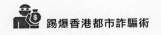

重要物品都一定要跟身，不能隨便交予陌生人，否則，重要物品被騙徒扣留，你想借機逃走都幾難！

2. 人應該有自知之明，自己是否 Model 的材料，是否具有做 Model 的天份，你心知肚明。如果你自問樣貌平凡，身材又不算出眾，但有陌生人不斷落嘴頭討好你，讚到你天上有地下方，你就要提高警覺。

3. 一間公司要聘用員工，而又要求員工擁有某些技能，便應該由僱主提供有關訓練課程；若對方認為你具備潛質或特殊技能，亦應由僱主贊助培訓費用。你未開始賺錢，就要支付各項費用，是不合理的！

4. 資訊科技發達，很多受騙的「水魚」都會利用互聯網分享自己的被騙過程，有些更會尋求區議員協助，部分區議員更毫不客氣地點名批評某些偽模特兒公司，消委會亦有一份不良公司的黑名單，大家在加入任何公司做代言人，或者購買任何服務前，可到互聯網查探一下。如果網上已對該公司劣評如潮，又有很多苦主申訴過，大家最好避之則吉！

5. 很多受騙的苦主為了怕麻煩，受騙後都沒有報警，這樣做是助紂為虐的。即使被騙的金額很少，但公司以不正當的手法行騙，都應該受到懲罰的，受騙的苦主一定要站出來，報警或者向消委會投訴。

03
利用社交網站騙年青人入局

網上社交網站極受年青人歡迎，但你有沒有想過你在網上認識的人、以及電腦螢幕的背後，究竟是你的真朋友，還是哄你入局的騙徒？

🔑 個案透視

陷阱 1：用高佣金的筍工作招徠，最終匯款變借貸！

阿欣中六畢業後，想出來找工作。她在 Facebook 見到一個帖文，內容與招聘兼職有關，發帖者形容有份兼職「非犯法、非中介金融、亦無需押金，最快可於四個工作天收到五至八萬佣金。」

阿欣當時有數萬元債務，心急想「搵快錢」，見到咁輕易就可以賺取五至八萬佣金，就非常心動，於是致電聯絡發帖者 Henry。

Henry 表示，他一間日本公司要來港經營，需要轉移資金到港，希望阿欣協助接收匯款再轉交他，阿欣可從中賺取佣金。阿欣曾懷疑過 Henry 是否騙財，當時 Henry 將一些聲稱為過去成功例子的相片，包括大疊現金相片及「前僱員」的評語傳給阿欣，令阿欣最終相信。

Henry 要求阿欣提供個人資料，包括身份證及銀行提款卡照片、住址證明、信貸報告，及一張手持身份證自拍的

照片，阿欣一一按照指示完成。很快，阿欣在中國銀行的戶口收到一筆三十萬的匯款，Henry 叫阿欣即日提取，並把該筆匯款交給 Henry 一名同事，並可保留七千五百元作佣金。

阿欣知悉有七千五百元作佣金，頓時心花怒放，馬上照 Henry 指示做。但不久她就收到中銀來信指自己借了三十萬貸款，Henry 不斷安慰，話公司會幫她還，叫她放心。

其後阿欣的個人戶口再相繼收到兩筆分別約二十萬及四萬元的匯款，她照樣提取並交給 Henry。之後，阿欣再收到由花旗銀行及 UA 財務發出的貸款信。Henry 同樣叫她放心，話之後會幫她還錢。阿欣不虞有詐，更按 Henry 指示，到東亞銀行辦理手續，申請一筆三十萬的貸款。Henry 依舊佯稱公司會幫她還，叫她放心。阿欣真心相信 Henry 的承諾，並將該筆三十萬的貸款交給對方。

後來，阿欣發現 Henry 沒有替她還款，開始起疑，並質問 Henry 是否騙財。這時，Henry 終於露出狐狸尾巴，向阿欣惡言相向，之後，更消聲匿跡。可憐的阿欣墮「搵快錢」陷阱，誤信「資產轉移」，結果，未開始賺錢，已欠債幾十萬！

陷阱 2：針對中小學生，賺錢前先要買軟件

中三學生阿俊數月前在 IG 見到一則招募廣告，表示只要付出四百多元，購買「安卓精靈」手機軟件，就可以成為代理賺錢。阿俊一直希望賺多些錢實現到韓國當「演藝圈練習生」的夢想，因此，很落力介紹身邊的同學參與，從中賺取佣金。

阿俊又積極在 IG 發帖，游說更多網友加入，說：「市

面有很多成功的例子，愈遲開始愈蝕底，愈早開始賺得愈多，還可以有獎金，你話抵唔抵先？」

　　直至最近，他發現公司拖糧。兩個月後，負責人在網上突然公布，因為要「移民」而解散團隊，稱近一星期加入的新人可獲退款，其餘代理的款項則會「慢慢分批出糧給大家」。最後，承諾沒有兌現。

🔍 行騙模式大踢爆

1. 騙徒一般會宣稱「幕後老闆」為財務公司的持有人或與財務公司相關的投資者，因需要開設新公司或是避稅等原因，要求受害人到不同的財務公司進行借貸，並稱毋須還錢，或是提交自己的個人戶口及密碼，讓騙徒能用該戶口進行所謂「資金轉移手續」。求職者負責向該財務公司借貸，然後交還款項。工作中又聲稱為求職者安排簽署免責聲明，法律責任及款項均無需負責。受害人，大多為年青人，騙徒是看中年青人大部分沒有借過大額貸款，信貸紀錄良好，而其他借款所需文件如收入、住址證明甚至身份證，均能輕易偽造。

2. 騙徒會游說受害人到財務公司「假借錢」作「資金轉移」，聲稱可簽訂免還款聲明，事後可獲一筆可觀酬勞。騙徒一次又一次重施故技，騙取受害人大量金錢；當受害人開始起疑，騙徒就會逃去無蹤，受害人最後落得一身欠債的下場。

3. 一些「搵快錢」方式還包括參與外圍賭博、假結婚、洗黑錢等。騙徒一般透過網絡、社交媒體平台或報章刊登虛假

的招聘廣告，邀請應徵者到公眾地方如咖啡室或公園等會面，期間騙徒借機騙取財物，如手提電話或身分證明文件等。騙徒亦會以不同藉口，誘使受害人繳交與聲稱工作有關的保證金，或要求受害人預繳款項以申請牌照、工作證或報讀培訓課程等，騙取受害人相關的手續費用。

4. 有騙徒亦會要求受害人交出身份證或護照影印本作為員工記錄，令其個人資料或在不知情的情況下，被騙徒用作申請財務公司、銀行或信用卡貸款。有求職者被騙徒誘使向財務公司提供虛假入息證明及其他文件為公司借貸，求職者事後不但未能成功申請工作職位，卻背負一身債務。

🔑 精明防騙之道

1. 年青人見工時，要搜集公司背景和業務性質。對不需任何工作相關技能但報酬異常優厚的職位，市民應加倍小心等。

2. 若被僱主提出不合理要求，如替對方借貸來換取佣金，或要求交出銀行卡或密碼，就要提高警覺。

3. 這類騙局中不少受害人都是既無收入，也無物業可作抵押的在學青年，但他們卻能從財務機構借款幾十萬元。原來，由於騙徒聲稱借款文件皆由律師安排，完全合法，所以受害人在糊里糊塗的情況下，簽署了由騙徒準備的虛假的收入證明。日後受害人即使醒悟受騙，卻擔心向財務機構提供了虛假文件而成為共犯，因而不敢報警求助，只能默默承擔大筆債務。

胡亂簽署文件有可能犯上詐騙、提供虛假文件等罪行。而協助他人轉移資產，更有機會參與了洗黑錢此嚴重的罪行。「愚蠢」在法庭裏可不是抗辯理由。

4. 工作可以換取薪金、經營生意可以賺取利潤、投資可以有回報、賭博也須承擔風險。如果有毋須付出或毋須承擔風險，卻有豐厚回報之事，那正正就是「騙局」！

推銷／銷售騙案

　　市場上、網路上充斥很多不法商人，他們為求掠水，不惜施以層壓式推銷，利用「極度關心，死纏爛打」的方式迷惑新入行者，令他們誤以為介紹人入會就能分佣，發達致富。唔夠錢入會買貨嗎？他們「做好心」帶你去財務公司借錢，夢醒後你會發現自己眾叛親離，一無所有，只有一身卡數和貴利債！

　　如果你是老弱婦孺，或者衝動派人士，更容易被無良公司睇中。他們誇張失實，口講乜都得得得，你信以為真魯莽簽約，待冷靜下來重頭細讀合約時始發現職員所講全是謊言。

　　你發現貨不對辦後上門追討嗎？對方堅拒退款，還對你惡言相向呢！

01
傳銷產品劣質貨，無人問津

傳銷，是一種透過人傳人的方式來達致銷售的市場策略。市面上有些不良公司藉傳銷為名掠水，公司根本沒有實際業務，產品欠奉；即使有提供產品，質素亦很差劣，價錢亦比市面同類產品貴，受害人根本無法把產品銷售出去，更被身邊朋友笑戇居呢！

🔍 個案透視

陷阱 1：傳銷產品全是劣質貨，無人問津！

曾先生被朋友遊說去聽了一個有關創業的講座，一時情緒高漲，毅然辭工，還使用信用卡透支及向財務公司借款二十萬元，加入傳銷公司及購買產品，及後他才發現產品質素差劣，乏人問津，又不好意思介紹朋友入會。

究竟產品有幾差劣？

據知，他買了一瓶據講可以排毒的綠色藥丸，吃了三天，大便時頻頻排出綠色的糞便。醫生叫他立即停服這種藥丸，否則會導致胃潰瘍。曾先生停止再向親友推介產品，現在沒有收入之餘，更被財務公司追數。

陷阱 2：傳銷產品比同類產品昂貴很多，無人肯買！

阿輝被朋友邀請加入做傳銷商。阿輝還記得，辦公室裝修好有氣派，連一張椅都有雕花圖案，職員男西裝筆挺，女

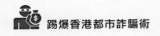

就行政套裝。阿輝一上去，朋友就不斷強調香薰推銷可以作為終身事業，又炫耀自己搵幾萬元一個月。

據知，加入時自己先要買五千元香薰產品，之後每介紹一個人入會，那人買五千元產品，介紹人就可分得一千元佣金。但如果加入時一次過付六萬元買貨，佣金會高很多，即介紹一個人入會可分得二千元。於是阿輝在信用咭透支兩萬，另外再問財務公司及朋友借，湊夠六萬元。

可是，入會一個月，只搵到一個朋友加入，收一千元佣金都未夠償還銀行同財務公司最低還款額，香薰產品幾百元一樽，冇人肯買，連鍾意香薰的朋友都嫌貴，因為在街邊零售店鋪買都係幾十元，還笑阿輝戇居。阿輝惟有將所有香薰以一折賤賣給朋友，現時仍欠銀行及財務公司共四萬多元。

陷阱 3：離晒譜！公司根本沒有傳銷產品

梁先生原先有一份月入十五萬的工作，是屋邨的小富戶。後來，弟弟經不起女網友的遊說加盟了一個香薰紅酒傳銷公司，梁先生不久亦加盟。兩人還各自遊說親友入會，結果父母及二人女友皆入局，十多名內地親友亦「投資」百萬元入會。

兩兄弟後來發現公司根本沒有傳銷貨品，只是靠拉人入會賺錢。二人已經後悔莫及，目前，家人各個都巨債纏身，撇除收入，還要拿多近卅萬元還債，而弟弟女友目前仍欠下十多萬元巨債待還。梁氏兄弟直言對連累家人感後悔，亦因此失去不少朋友。

🔍 行騙模式大踢爆

1. 層壓式傳銷員會向一些初踏足社會的年青人又或者家庭主婦埋手，利用他們對社會認識不多、希望賺快錢的心態，用「所謂成功的例子」作招徠，標榜某某會員於短期內可晉升至公司的要職，賺取豐厚的薪金及佣金，聽起來相當吸引，只要你交入會費，便可成功加入這行業。之後，再向身邊的親朋戚友介紹及邀請他們一同加入行業，便可以在幫助別人之餘，又能為賺取佣金，開創個人事業。產品質素如何不重要，關鍵是你拉到幾多人入會！

2. 騙人的傳銷公司很懂得打心理戰，捕捉心理。在上課時主持人會帶領玩遊戲，又交流不開心經驗，各人均情緒高漲，聽得如癡如醉。在戒心完全放下之際，職員開始遊說你加入傳銷公司。發達夢沖昏了你的理智頭腦，加上好朋友的唆擺，令你連產品是甚麼都沒有細心去查證，就一頭栽進去。

3. 有哪個打工仔對公司沒有怨言？傳銷公司會引你說出自己對公司的不滿，又引導你想像未來想過甚麼生活。職員會以「打死一世工無前途」為由，遊說你辭掉份工自己創業做老闆，而做傳銷就是創業的最佳途徑。

4. 「人人都想賺錢！」公司職員就是捉住了人們這種心理，很多受騙的受害人坦言當時自己聽到這些話都暈晒大浪，職員會給你美麗的幻像，又話他們如今有車有樓，有鑽石戒子戴，都是全靠做傳銷。

5. 很多人基於對朋友的信任，沒有查清楚公司的背景，亦

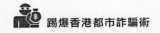

不了解公司從事甚麼業務，更沒有比較過傳銷產品與市面上同類產品的分別，就盲目地大筆大筆錢投進去。

6. 你唔夠錢入會嗎？他們看中「信用卡容易申請」的漏洞，鼓吹受害人刷卡，受害人做下去便知道，並非如職員所講的那麼容易賺到錢。

🔍 精明防騙之道

1. 大家必須提防以薪高佣厚作招徠的傳銷工作，如發覺公司存有每層分佣（即所謂層壓式推銷）而售賣貨品較市面昂貴時，便更要小心謹慎，遇到不明白、不懂處理的地方即向家人、朋友、區議員等查詢或尋求協助。

2. 有誰會想到多年的好友會出賣自己？但現實就是那麼殘酷！為了賺取高佣金，很多人不惜「出賣」友情，遊說好友入會。部分人經不起傳銷商花言巧語，拿出過萬元投資，結果損手收場，還背負上「卡數」。作為精明的消費者，無論對方是你的死黨，甚至是你的親戚家人，都要理智行頭，付錢之前首先想清楚自己是否真的需要這個服務，產品是否物有所值。

3. 不要加入一些沒有實際業務的公司，如果該公司只靠拉人入會賺取佣金，而沒有實際的產品銷售，大家最好避之則吉！

4. 夢想做傳銷靠介紹人入會就能分佣，發達致富，實在是太天真、太傻啦！大家要理性一點，也要認清楚不良傳銷公司的真面目：不良傳銷公司的真面目是這樣的：公司上線的傳銷員會不斷胡亂吹噓公司產品如何神奇，以「洗腦班」勸誘下線不斷招募新人付錢買產品，但產品是甚

麼職員不會詳述，只一味慫恿你介紹新人入會，再靠那些新人供養你，那些新人又繼續找新血，由新血去供養這批新人，如此類推。他們實際賣的不是產品，而是向人賣一個「會發達」的夢，整個傳銷網絡建基於「有人」與他們一樣做著發達夢，並且透過出賣友情及親情而成。

5. 加入傳銷公司之前，要認真看清楚這間公司的歷史背景，親身測試該公司的產品是否有效。很多正規的傳銷商當初加入這個行列，都不是一時衝動的，而是花了至少一年時間試用產品，覺得產品有成效，才加入傳銷的行列，再把優質的產品推薦給朋友。

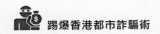

02
夾你去財務公司借錢買貨

　　不良的傳銷公司會運用「極度關心，死纏爛打」的方式迷惑新入行者，令你誤以為介紹人入會就能分佣，發達致富。唔夠錢入會買貨嗎？他們「做好心」帶你去財務公司借錢，夢醒後你會發現自己眾叛親離，一無所有，只有一身卡數和貴利債！

🔍 個案透視

陷阱 1：耳仔軟，被遊說去借財務公司錢

　　李先生自己及父親、弟弟和妹妹都上了當，以廿萬元購買了香薰產品，使家中貨物堆積如山卻未能售出。李先生指家人根本無錢，其中十多萬是被傳銷公司遊說去財務公司借的。

陷阱 2：淚彈攻勢誘少女借錢，終破產收場

　　十九歲少女 Annie 在相識七年的朋友曾小姐遊說下，前往一間傳銷公司參觀。抵步後，朋友與其姊一直遊說 Annie，更聲淚俱下地指嫲嫲去年逝世，對於自己沒有好好孝順感到很內疚，問 Annie 是否想賺多些錢好好孝順家人，Annie 當時覺得有道理，在不停遊說四至五小時後，便填寫了入會的表格。但由於沒有本錢入會、購買香薰及紅酒等貨品，公司職員便陪同 Annie 到三家財務公司，在毋須要擔保

人的情況下合共借取了九萬元。借來的錢及收據均由上一級同事保管。

賺錢的模式是介紹一個朋友購買產品後便可得五千元，若朋友入會更可有九千元佣金，Annie 曾介紹一個朋友入會及買產品，但公司並無向 Annie 提供貨品及發出佣金。

後來，Annie 在公司的儲物櫃發現自己借錢的收據，更發現借款並非當初獲告知的九萬元，而是十一萬元，感到被騙，不久離開公司。由於無力還款，她決定到高等法院申請破產。

陷阱 3：帶你去借錢，教唆冒簽名

兩個月前，忠仔在網上認識一名同齡鄭姓少女，鄭透露自己是香薰油傳銷商，想邀請忠仔到該公司位於銅鑼灣的辦事處聽講座，職員聲稱付出六萬多元可購得價值八萬元的香薰油，可轉售獲利，而每介紹一人加入，可獲五千元獎金。

忠仔心動有意加入，但遭父母反對。

入世未深的忠仔仍悄悄再到該香薰公司，忠仔坦言無錢買貨，職員遂陪同忠仔到兩間財務公司借貸。但要申請貸款，忠仔須年滿廿一歲，否則，就要得父母簽名同意才能簽訂合約。職員竟然教唆忠仔冒充父母簽署。

後來，忠仔只做到很少生意，生意額都抵償不到貸款的利息。香薰公司見他做唔到生意，歧視他又取笑他，不再理會他。後來忠仔父母看到財務公司收數信，始揭發事件。

陷阱 4：借完錢還扣起你應得的貨品

一名患自閉症的男子德仔，被女網友遊說加入一間傳銷

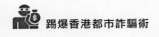

公司，一周內兩度向財務公司共借貸十萬元，買下紅酒、護膚品及魚油丸等貨物，但女網友聲稱代為轉售，將貨物全數帶走，之後就消聲匿跡，再也找不到她。如今，德仔連自己購入的貨品都未能取回，每個月還要償還貸款。

陷阱 5：為償貴利，埋沒良心繼續找替死鬼

阿蛋在朋友遊說下，以四萬多元購買十七張美容公司代用券，職員聲稱可轉讓給親友或自己使用，亦可介紹親友前來再繼續購買代用券，每介紹一人前來，可獲四千至六千元介紹佣金。

阿蛋沒有足夠現金，公司職員就帶阿蛋到附近的財務公司借款，還教唆阿蛋向財務公司訛稱借錢交學費，提供虛假資料，而獲得的貸款則全數交回公司。後來，阿蛋發現代用券每張為二千五百元，可在美容纖體公司購買美容產品或參加減肥項目，但收費卻比市面高出一至兩成，始覺被朋友搵笨，但為了每月償還貴利，阿蛋不得不埋沒良心，不斷遊說親友參加，哄更多人落疊做替死鬼。

🔍 行騙模式大踢爆

1. 「老友開到口，很難 Say No ！」這是一般人的死穴，不良傳銷公司也是看中一般人這個死穴，透過朋友的關係，一個一個請君入甕。

2. 一項正常的商業交易，應該建基於買家認為賣家所出售的貨品 / 服務價格與他的期望價值相符，是你情我願的。層壓式傳銷公司往往運用「極度關心，死纏爛打」的方式迷惑新入行者，運用群眾壓力，不斷遊說事主，聲稱工作簡單，毋需工作經驗、學歷和特別技能，付數千元加入其公司及買貨後，即取得經銷資格。只要找到下線會員加入就保證可以在短時間內「回本」，並能賺取豐厚收入，絕對比打死一世工好。唔夠錢嗎？他們會不斷鼓吹你去借財務公司錢，或者刷爆信用卡去預支一筆款項來加入一間「產品不是重要，最緊要介紹人入會」的公司，更伴稱賺錢的黃金機會過咗就無，催促你快點下決定。

3. 最後，新人都會經不起車輪戰遊說，不好意思拒絕而答應開戶，買貨入會。如果找不到下線的新人，會員最後往往要積壓住一大堆無謂的貨品，而傳銷公司亦不肯回購剩餘的產品，會員最後只剩兩行眼淚，血本無歸！

4. 合約條文冗長繁複，受害人經過一輪轟炸式的洗腦後，已經筋疲力盡，又不好意思推卻，惟有速速簽約付款了事。有些騙徒會扣起入會合約，日後受害人想取回已購入的貨品時，再重看合約，才赫然發現合約寫著「已取貨」、「本公司不會負責」等聲明，受害人投訴無門，即使報警，警方亦不會受理，只視作生意糾紛。

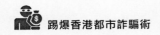

5. 很多在不良傳銷公司工作的人只是表面風光，向你佯稱自己有車有樓穿金戴銀，實際是窮途沒路，一身財務公司的債。他們說得天花龍鳳，口沫橫飛，出心出力，埋沒良心哄你入局，無非都是希望賺取佣金，減輕自己債務而已。不良傳銷商本身就是「債仔」，被拉入會的受害人就是「替死鬼」，「債仔搵替死鬼」就是不良傳銷公司的生存之道！

🔑 精明防騙之道

1. 做人要量力而為，未看清楚生意的前景，就貿貿然向財務公司借錢，有沒有想過一旦做不成生意，財務公司的債項如何償還？多與朋友和家人溝通，聽取意見，不要一時意氣，或情緒高漲就匆匆作出決定。

2. 世上沒有必賺的生意，如果對方不斷鼓吹你去借財務公司錢，或者刷爆信用卡去預支一筆款項來加入一間「產品不是重要，最緊要介紹人入會」的公司，你就要提高警覺！

3. 「唔辛苦邊得世間財」，發達是沒有捷徑，大家要切記「快錢不易賺」的道理。

4. 購買任何產品，或者加入任何服務計劃，都要仔細了解清楚合約條文，最好交給專業人士（如當律師的朋友）過目，如條文對自己不利，不應草率簽署，也要保留所有單據，保障自己利益。

5. 一些不良推銷手法甚至涉及刑事犯罪，例如以威嚇手段強使他人加入公司，或者誘使他人以假文件向財務公司申請巨額貸款。遇上類似情況時，大家必須堅定意志，堅拒

大量購貨或巨額借貸，更不要非法行事，即使遇到相熟親友遊說，也不動搖。如果你在推銷員慫恿下冒充簽名，或者使用假文件，可能要負上刑事責任。若認為推銷員的推銷手法涉及刑事罪行，應向警方求助。

6. 面對各式各樣的「搵快錢」誘惑，保持清醒頭腦最重要，總之要時刻記住一句古訓：「邊有咁大隻蛤乸隨街跳！」。

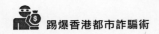

03
另類包裝，淡化傳銷壞印象

不良傳銷公司標榜產品不是重要，最緊要介紹人入會，每邀請到一位新人入會買貨即有佣份，貨品包括美容產品和香薰等。現在他們已踏上成魔之路，化身不同的形式騙取受害人的信任，騙取他們的金錢。

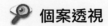 **個案透視**

陷阱 1：傳銷公司包裝成教育集團

阿榮收到一間市場公司的推銷電話，謂有好工介紹。他前往該公司應徵，卻發現「唔似見工，似講座多啲」，又表示當日有個阿姐上台分享成功經驗，講自己由欠卡數到而家成日買 L V 和 G U C C I 袋。阿榮當時正在找暑期工，心想可賺外快，姑且一試。這份工無底薪，阿榮要搵五個人讀該公司的課程才能賺佣，只要努力拉客，筆錢就越滾越大。阿榮以為多勞多得，定有出頭天，於是加入該公司成為推銷員。

阿榮的上司還向他使出激將法，「自己都唔讀，點有說服力叫人讀？」阿榮遂重鎚出擊，還未賺錢，便一口氣提取免入息審查貸款兼碌卡，報讀一萬五千元的所謂專業管理課程，可是上了數堂，就覺得課程「九唔搭八」，他越想越覺被騙，但又被迫繼續向朋友推銷，他唔想累人，最終決定辭職，但已欠下一身債。據報，該課程只為興趣班，修畢僅能獲校內證書，並無認可專業資格。

🔎 行騙模式大踢爆

1. 青年人初出茅廬，未經歷練，把持不定就很容易受迷惑。尤其是傳銷這個行列，職員見軟功無效，就會使出激將法，說一些話來單打你，例如：

- 「搵到人入會就賺佣金，咁簡單都唔敢做，你係咪無朋友㗎！怕搵唔到人呀？」

- 「你自己都唔付錢買產品，邊有說服力叫人買？你越買得多，越容易說服新人加入！」

2. 層壓式傳銷騙人招數，雖然全屬舊伎倆，但當騙徒重新包裝，每年都有青少年上當。無良僱主很多時利用青少年的虛榮心，安排一些年輕的「成功人士」現身說法，強調會考零分非末日，只要肯努力做傳銷，就可得豐厚佣金，買車買樓無難度。事主經不起引誘，即使要他們先付出巨款購買產品再向外推銷，也在所不計，殊不知噩夢由此開始。

👁 精明防騙之道

1. 以「陷阱 1」為例，大家要留意：

- 升學輔導員必須在外國留學數載，才有經驗向家長及學生提供貼身意見。他們要知道學生長處，替學生做性向測試，這些工作都需要長時間浸淫，累積足夠經驗才做到。中五學歷根本沒資格做升學顧問！

- 坊間外國遙距課程花多眼亂，有意報讀者可登入教育局的非本地高等及專業課程網頁，檢視本地學院開設的遙

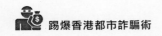

距課程是否已註冊，並附有學費、修讀年期等資料。

· 若想查閱英、美大學的排名，可參考 Times 的大學排名榜，若負笈加拿大則可登入 http://oncampus.macleans.ca 查看，做足資料選好學校。

· 每年不少人負笈海外升學，但升學顧問良莠不齊，宜小心選擇。

2. 大家如聽到有人推銷一些聲稱薪酬高、回報快，但又要求大家先付錢的賺錢計劃或職業，這有可能是不良傳銷的騙財陷阱，大家必須格外留心。

3. 若非有志找尋推銷工作便不應盲目被說服購入產品 / 服務。若想做直銷商或經紀，也應先了解公司結構及對推銷的產品 / 服務有一定認識。

4. 切忌付出金錢，來換取工作。

5. 不要魯莽簽約，應細閱合約條款。

6. 要提高警惕！留意面試過程是否過份草率，「一見即請」，或只需填寫簡單資料，不用面試。

7. 不要隨便交出身份證及提款卡密碼等個人資料。

8. 如有懷疑，向有關機構或政府部門查詢。

04
古惑招迫你簽不平等合約

　　一些不良傳銷公司對自己的犯法行為心知肚明，為了保護自己，一旦被受害人追討都可以成功脫罪，他們會千方百計轟炸你，令你迷迷糊糊地簽下不平等的合約，又或者扣起你的單據，令你投訴無門。

🔍 個案透視

陷阱 1：用美男計，令久未拍拖的中女中伏

　　三十八歲港女 Idy 透過交友 App 認識一名叫 Bill 的男子，Bill 沒提過自己做美容，只是常說自己生活質素好好，佢間屋好靚，有名車、手錶云云。

　　Bill 炫富有一手，除駕駛超跑，還會坐遊艇出海，經常幫襯高級餐廳及到美國看 NBA。初次見 Idy 時，就主動噓寒問暖，Idy 聽到心花怒放，結果跟隨他到美容院，以試做價二千三百元即場做 facial。

　　期間，美容師不斷大讚 Bill，刻意問兩人是否拖友，又話 Bill「好好仔」，令 Idy 大為心動。之後職員推介價值十四萬的六十次美容療程，Idy 她猶豫之際，Bill 使出致命一擊，「如果你唔參加，就即係唔當我係男朋友？」

　　誰知 Idy 碌卡後情況大逆轉，Idy 再無法聯絡 Bill，手機 App 亦被封鎖，此時她始知受騙。拍過一次拖的 Idy 以為遇到真命天子，卻換來一身卡數！

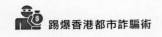

踢爆香港都市詐騙術

陷阱 2：扣留貨品單據，申訴無理據

阿張和丈夫及兒子住在沙田一個屋邨，早年她與友人在邨內合資開設一間時裝店，生意不俗。

這個屋邨小富戶，卻因為一時貪念，在樓上的「師奶」極力遊說下，交了五千五百元入會費，換來一張會員卡及七支香薰油試用，並取得了香薰油的「經營權」。

傳銷公司誓神劈願地表示，如果三個月內搵唔到錢，雙倍還給她！阿張付出了近五十萬元，但做唔到生意，她欲向公司退貨追回貨款，公司卻諸多推搪。

阿張才猛然醒起貨品單據和入會費單據一直由公司保存，她根本沒有任何申訴的理據，甚至被職員話自己係白撞！

陷阱 3：擊中亞裔人士不諳中文的弱點

南亞裔人士亞也在朋友介紹下，加入一間售賣紅酒及美容用品等的貿易公司。公司要求亞也繳交五千元入會費及七萬多元購買貨品，由於亞也沒錢，貿易公司職員陪他到三間財務公司借貸，又稱以後每介紹一人入會，便可得到九千元報酬。

貿易公司遊說不諳中文的亞也在中文文件上簽名，原來有關收據列明他已取貨，但亞也實際從未收到公司的任何貨品，其後亞也發現被騙，但已難取回已繳的款項，現時仍要每月還款予財務公司。

陷阱 4：把罪名賴給獨立經銷商求脫身

曹小姐在朋友遊說下加入香薰公司，幾日後，公司同事

帶她辦理貸款手續，最終由財務公司職員即時批出十萬元貸款。但發放貸款的支票卻被同事取去，同事聲稱其中六萬元用作入會費，約一萬元購香薰產品，其餘用作上堂。

由於不斷要付錢交學費，曹小姐漸漸發覺香薰公司不妥，一個月後她要求退出公司，並要求取回已購入的貨品。但香薰公司指陸小姐手上單據已過退貨期，不能取回貨品。

在事件中，香薰公司卻成功脫罪，原因是香薰公司指促使曹小姐借錢的是獨立經銷商，並非該公司員工，事件與香薰公司無關。

可憐的是，曹小姐的貸款連利息已累積至二十萬元，她根本無力償還。

陷阱 5：美容院套票限制多，根本不能在限期內完成套票。

黃小姐與媽媽兩年前共花 4.2 萬元向一間美容公司購入每人 50 次美容療程，雖然使用期限只有一年，但職員游說時表示無問題，者兩人「做密啲」。不過，兩人其後預約療程時，美容公司常以美容師「無期」或未出更表等推搪，難以預約，至套票到期時仍有大量療程未使用。但職員竟再向二人推銷新療程，指購買新套票可同時為舊療程延期，最後黃小姐兩母女再花 3 萬元購入新療程，前後每人共購入 92 次療程。惟現時療程期即將屆滿，兩人分別只使用了 20 次及十多次服務。黃小姐在購入第二次療程後才發現，原來合約寫明療程間要相隔至少 21 至 28 天，即兩人根本不能在限期內完成套票，但職員從未向兩人說明。

黃小姐上前質問職員，豈料職員惡言相向，更咒罵黃小姐會被車撞死！

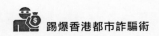

陷阱 6：瞬間過數，受害人無計可施，惟有簽下療程。

學生 Kate 被一間美容院職員要求填寫問卷，隨後介紹一項「試做價 188 元」的護膚療程，並即場付款。其後 Kate 到美容院接受療程，不斷被職員以「你皮膚暗黃」、「毛孔粗大」及「同齡的皮膚也比你好」作疲勞轟炸式推銷，拿去其學生信用卡後擅自過數 8,800 元，買下約 15 次療程，Kate 表示，原本以為中心拿她的信用卡去查核是否可分期，豈料，中心很快過數，更開了一張張 0 蚊單據給 Kate 簽，職員之後再補寫 8 千蚊療程，要她再簽名，結果，Kate 就胡裡胡塗地簽咗合約。

🔎 行騙模式大踢爆

1. 用美男計騙財的男士多勞多得，每張單分佣一成，有人一張單分佣數萬元，月入近百萬，非常可觀。他們向受害人講大話，話係首次帶親友上來 (美容院)，令受害人覺得受重視而減低戒心；如果受害人堅持不買療程，美男就會露出真面目，使用威嚇手段。而美男通常只認識受害人不到一星期，首次見面便出手。

2. 不良傳銷公司佯稱怕你會丟失重要文件，扮好心替你先保管入會費單據、合約、貨品單據或者向財務公司借貸的單據等。

- 當你要求取回購入的貨品時，才發現文件上寫明「你早已收妥貨品」；

- 當你要求退回貨品時，才發現退貨單據已過了期限；

- 當你想索閱財務公司的借貸文件時，才發現明明借九萬，

但文件卻寫明你借了十一萬!

3. 如果你不懂英文就「更好」,所有文件合約單據通通以英文書寫,由職員自行演譯,你一簽署,職員所有口頭陳述立即無效,全部以合約為準。當你發現自己簽了不平等條約而想反悔的時候,為時已晚了!

4. 不良傳銷公司有一把「尚方寶劍」,就是傳銷公司利用會員已註冊為「獨立經銷商」,即使受害人發現自己受騙,傳銷公司都會聲稱該獨立經銷商已不再是公司職員而把罪名推卻得一乾二淨!傳銷公司就是利用法律這些漏洞肆無忌彈地行騙。

5. 美男扮「暖男」,「專攻」單身女士,他們會查看受害人 Facebook,憑過往分享的貼文,如動物、音樂片等,投其所好打開話匣子。」亦有美男會在其社交網站貼出到老人院探訪、與家人慶節等相片,營造「孝順好仔」形象,而雙方網聊約一周或一個月後,「暖男」就會約受害人見面,並分別帶去銅鑼灣、尖沙嘴及旺角分店購買美容療程。

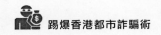

🔍 精明防騙之道

1. 購買任何產品，或者加入任何服務計劃，都要仔細了解清楚合約條文，最好交給專業人士(如當律師的朋友)過目，如條文對自己不利，不應草率簽署，也要保留所有單據，保障自己利益。

2. 簽署重要文件時，盡量找朋友、親戚或父母同行，一方面在陌生環境下有照應，另方面若對方要求簽署合約或提供一些選擇時，有第三者在場作證，可保障個人權益。尤其是不良公司喜歡用壓力逼你交錢，所以最好有人陪伴左右，保持頭腦清醒。

3. 口講無憑，一切以白紙黑字的文件為證。如果大家因語言問題不理解合約內容，可要求對方用你熟悉的語言撰寫過另一份合約。

4. 無論對方以甚麼理由，你都不能將合約、貨品單據由對方保管。

5. 男子利用不同手段以增加事主對其好感，減低女受害人的戒心。例如說「我都係呢間大學畢業」、「我都係基督徒，識到你係神嘅安排」等打開話題。單身女士要注意，發展感情方法多方面，但當對方提出進行非一般情侶約會會做的事，甚至引誘購買昂貴療程服務，到底「想你碌卡，定增進關係？」過程中女士必須警惕對方是否動機不良。

6. 勿在社交網站透露太多個人資料，以免騙徒可以扮「好朋友」，攻陷女人心。

05
洗腦式硬銷會籍

　　旅遊會籍騙子公司通常會以調查公司作遮掩，並透過電話或問卷調查方式，向接聽電話的受害人套取個人資料，如姓名、職業、收入及聯絡電話。騙子公司再以中獎或感謝為借口，利誘受害人親身到該公司領取禮品，其後就「軟禁」受害人，並且進行硬銷旅遊會籍的活動。受害人在該公司職員的不停遊說、「洗腦」、疲勞轟炸及誤導下而加入會籍，甚至有些更在職員的恐嚇及威逼下而簽署合約。

🔍 個案透視

陷阱 1：藉領取獎品為名，實質哄你買會籍

　　「先生，恭喜你，你中咗獎呀，獲得本公司送贈八日海外免費度假屋住宿禮券，你只需上來聽一個九十分鐘講座便可……」

　　天真的阿 Dick 以為天降橫財，竟然不虞有詐出席講座。

　　阿 Dick 憶述，場內就有五、六個職員團團圍著他，由晚上八點拉拉扯扯到凌晨三點，直至阿 Dick 抵受不住疲倦草草簽約交錢，才讓他離開。

　　付上十多萬元購入一項會籍計劃，但入會後才發現真實情況與推銷員所說有天淵之別，阿 Dick 想取消合約，他拒絕供款後，連續一星期接到該公司職員的電話滋擾，語帶恐

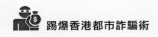
嚇說:「我哋有你個人資料,知你屋企地址㗎,你明啦……」

阿 Dick 當時回了一句:「破產都還唔清啦!」

豈料對方亦不客氣:「破產都要還呀!你試吓唔還呀?睇吓點!」

橫財未到手,阿 Dick 已無辜辜要揹一世會籍債項。

陷阱 2:酒店貨不對辦,污蹟處處

受害人 Alice 被誘騙前往一間會籍服務公司的辦事處,登記時被對方沒收身份證,又被禁止使用手提電話及前往洗手間,要被迫獨坐在一個房間中被疲勞轟炸數小時,職員不斷向她硬銷簽署購買旅遊會籍合約,她無奈簽下高達八萬幾元的會籍合約,並即時繳付九千幾元首期費用才得以脫身。

Alice 其後拒絕再付餘款,但一直受到收數公司的電話滋擾,她在農曆年間,本著已付款的心態要求該旅遊會籍服務公司代訂菲律賓旅程的酒店房間,但到埗後才發現完全貨不對辦,明明話話四星級以上酒店,抵步後才發現竟是一間設備差劣的賓館。

她指對方追數的滋擾程度升級,連胞姊也收到滋擾電話,在半夜時分每小時收到達五十個滋擾電話,更有收數公司人員上門,對方更恐嚇著說:「你屋企咁易入到㗎,要搞你哋都好容易啫!」

陷阱 3:自暴其醜,減低你戒心

有關會籍的騙案,June 很早已從報章中略知一二。因此,當朋友阿 Jade 遊說她參加講座時,已很有戒心,但又不好意思推卻好友,於是便硬著頭皮出席,心想「只要覺得

唔對路就走人，應該冇事」。

　　講座一開始，主持人就以最近一宗小額錢債的糾紛做開場白，說：「有無聽過小額錢債案度假屋會籍單官司，其實係一場誤會，個 Sales 新入行，無講清楚度假村地址，令顧客覺得有誤導成分，法官判詞好清楚話度假屋會籍概念係好嘅！」

　　June 聽落漸覺得有道理，在連續三個鐘的「洗腦式」推銷後，自命理智過人的 June 糊裡糊塗購入了度假屋會籍。

陷阱 4：大話連篇，擅取信用卡過數

　　陳先生一向喜歡自助旅遊，有一次被街上的推銷員遊說去參加一個有關度假屋會籍計劃的講座。

　　進入會場後規定要關掉手提電話，主持人開始遊說出席者購買一所印尼峇里島的度假屋的會籍，又將一幅幅度假村相片堆放面前，聲稱購買後可以成為 RCI(國際度假聯盟) 會員，享有全球二百個國家三千七百間酒店一星期免費住宿。

　　推銷員向陳先生埋手，說要拿他的 Visa 卡，查核他是否有資格做白金 VIP 會籍，怎知竟擅自用他的 Visa 卡碌了會籍首期的三成訂金，約二萬八千港元。後來陳先生意外得悉，這間會籍公司根本不是 RCI 的會員，即使要成為 RCI 會員，費用只需每年五百多元港幣。

　　陳先生很後悔沒有查清楚公司的底蘊，就貿貿然付了一筆巨款，但一切已追悔莫及。

🔑 行騙模式大踢爆

1. 騙案過程十步曲：

Step 1：致電給事主，藉進行電話問卷調查套取事主的個人資料。

Step 2：數日後再致電事主，以送贈郵輪套票或電腦現金券答謝事主做問卷為名，約會事主到公司領取禮物，而該禮物其實隨處可有（如：船飛、酒店住宿、現金禮券）。通常約在黃昏或下班時間（心理學研究該段時間人的意志力是一天中最為薄弱）

Step 3：事主抵步後，被邀請參加講座，職員佯稱講座半小時至 90 分鐘；

Step 4：事主入座後，被要求交出身份證換取禮物，事主身份證被「扣留」無法離開；期間公司職員又以手機會干擾儀器或其他人為理由要求事主關掉手機。講座期間，公司職員採取車輪戰術遊說事主入會，並在場內播放強勁音樂，令事主聽不清職員的說話內容，令事主感到混亂，即使去洗手間亦有職員在外等候。

Step 5：開始疲勞轟炸攻勢。

Step 6：會有專人睇實你，或一對一向你推銷會籍，其間不許你開電話或聯絡他人。另外，職員會安排你坐在一個看不見門口的位置（心理學研究人看見門口便會想離開）

Step 7：會以強勁背景音樂擾亂你的心神，當你拒絕或要求離開時，會有另一個騙棍輪流對你車輪戰，並拒絕

讓你離開，「吹水」話會用法律途徑追究你；

Step 8：再推銷不遂，便以威迫利誘方法要你簽約；疲勞轟炸五個小時或以上，誘使事主交出信用卡後，指事主已成為會員，若不簽約繳款，會發律師信向事主追討威逼事主就範。

Step 9：收取訂金，多少不區，信用卡、易辦事 (EPS)、現金全收。

Step 10：求其解釋，含糊其詞講解合約，避開對消費者不利的重點或只是輕輕帶過。迫你簽下不公平合約，沒有冷靜期，合約不能終止。

2. 「旅遊會籍」的受害人均擁有以下特質：

- 初出茅廬，社會經驗尚淺的年青人
- 貪少便宜或好奇心強
- 熱愛旅遊或需經常往返外國兩地
- 對銷售過程手續不熟悉
- 對法律條文欠缺認識
- 未清楚了解過這類會籍騙案的行騙手法
- 一般不會相信自己會成為不法之徒的獵物而放下警覺

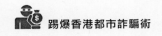

🔑 精明防騙之道

1. 不要貪小便宜，被「中獎」或「禮品」沖昏頭腦。

2. 應查問清楚獎品是否有任何附帶條件。

3. 如果朋友「盛意拳拳」邀約你去聽講座，你又不好意思拒絕，最好事前作好準備，包括把信用卡和現金留在家中。

4. 上去該公司之前，先在網絡上搜尋該公司的名稱。現今資訊科技發達，多受騙的「水魚」都會利用互聯網分享自己的被騙過程，有些更會尋求區議員協助，部分區議員更會不客氣地點名批評某些不良公司，消委會亦有一份不良公司的黑名單，大家可到互聯網查探一下。如果網上已對該公司劣評如潮，又有很多苦主申訴過，大家最好避之則吉！

5. 若收到免費中獎電話，應問明有否附帶條件，而出席講座時也不應隨便交出身份證及信用卡，若不欲購買便立即離開，遇阻可報警求助。

6. 在任何情況下都必須將與他們的對話進行錄音。

7. 切勿輕率簽約，應與家人及朋友商量。

8. 如無意參加計劃或發現不妥時，應果斷離開。

9. 若對方制止你離開，應立即報警求助。

06
產品害人，不顧客人生死

很多不法商人為了牟利，不顧消費者的生死，售賣有問題的貨品，甚至利用虛假的科學實驗數據，誇大產品效用。消費者不虞有詐，服用之後隨時有生命危險。

🔍 個案透視

陷阱 1：參加減肥療程被處方禁藥

阿群加入一間纖體公司的代言人行列，付了二千多元訂金，又以分期付款方式清還尾數五萬元，目標是減去六十磅。公司的醫生為阿群處方多種減肥藥物，阿群首月就減去十磅，兩個月後開始卻出現不適，纖體中心話適應期係咁，唔係副作用，但阿群成日覺得好緊張，好似運動緊咁，忽冷忽熱，手震又出汗，連中心提供的餐單都食唔到，嘔返晒出嚟。中心及後邀請她參與宣傳活動，分享減肥成效和愉快的減肥經驗，阿群實在無法埋沒良心說假話，於是婉拒了。

後來，該纖體中心處方的藥物被證實含有禁藥，服用後對人體有害。阿群決定停藥，但向該公司追討賠償不果。

陷阱 2：在相熟店鋪誤買禁藥產品

何先生平時都有幫襯一間公司購買健康食品服用，一天，他再到該公司光顧時，有職員介紹一款「睪丸酮」給他，聲稱可以快速增加體力。

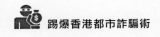

何先生用六百元買了一樽，回家細看英文包裝，再查字典，發現竟含有受管制賀爾蒙成分。他即刻問醫生，醫生話這些藥一定要有醫生指示才可以食，否則好危險，長期服食會擾亂賀爾蒙分泌，男士會變得性冷感甚至不舉，女士會經期紊亂甚至不育，小朋友食了會長不高，變矮仔。

何先生向該店追究時，公司老闆表示是某店員私人售賣，與店鋪無關。

陷阱 3：買貨無單據，受害人投訴無門

一般真正雪蛤膏經浸泡後會發脹十至十五倍，富有彈性，而用來浸泡的水亦不會變色。朱小姐早前在油麻地一參茸行以每兩售價八十八元買得二兩雪蛤膏，但雪蛤膏用水浸過夜，翌日發現雪蛤膏並沒有發大，一按即散，當她想投訴時，才發覺該店職員從頭到尾都沒有發單據給她，而包裝上也沒有該店店名、地址及電話號碼，她頓感投訴無門。假雪蛤膏可能帶有毒性，她埋怨店鋪為了賺錢，置客人生死於不顧。

陷阱 4：食品製作過程污糟邋遢

普洱越舊越醇，馬先生相信舊普洱可以保值，於是用二萬元買了十餅舊普洱。

後來，經一位茶葉老行家指點，才發現馬先生手上的舊普洱全是劣質貨。老行家還告訴他劣質貨的製作過程，馬先生聽罷立即嘔吐大作！

原來不法商人會在陰暗潮濕、衛生條件惡劣的防空洞、臭水溝，甚至豬欄中發酵「速成」普洱，這些茶葉甚至在發

酵過程中被加入污水，它們經發酵及壓成茶餅後，可扮成舊普洱茶出售，每餅可賣一、二千元。飲用這些有問題的舊普洱，絕對危害健康。

陷阱 5：誤買細菌超標假燕窩

梁小姐用五百元買了盒即食燕窩，職員表示燕窩由泰國入口，盒上的說明書更寫著「保證百分百燕窩」，回家打開盒蓋，已覺得貌不似燕窩，食落又似啫喱，食完更屙嘔了三次。

後來梁小姐將燕窩交給在化驗所工作的朋友做檢驗，發現這盒假燕窩的總含菌量比衛生署標準高出兩倍，該燕窩所含蛋白質含量竟少於 0.1%，即係等於冇蛋白質。

後來，梁小姐要求店舖「回水」，但老闆表示貨物出門，恕不退換，還反駁是梁小姐自己食錯嘢所以拉肚子。

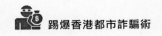

🔑 行騙模式大踢爆

1. 誇大產品的效用，又以一些不盡不實的所謂科學數據，令受害人信以為真。

2. 不會提供買貨單據，一旦受害人追究都投訴無門。

3. 有貪念的人最容易受騙，如「陷阱4」的馬先生本身就是普洱的外行人，騙徒會誇大某些產品的升值能力，又教你一些買正貨的錯誤知識，結果，馬先生信以為真，貿貿然入貨，結果損財又傷身。

🔑 精明防騙之道

1. 消費者購物後要保留所有單據，一旦發現產品有問題，可以憑單據要求店舖換貨。如果產品質素有問題，危害健康，單據是追討責任的明證。

2. 不要盲目信任陌生人的吹噓。對方提供的醫學或科學數據未必屬實，大家應該向醫生查詢。尤其是藥物或健康產品，購買時注意不要盲目聽信誇大宣傳和虛假宣傳，如有懷疑，宜帶同產品向醫生請教。

3. 應該光顧信譽良好的商舖。

4. 購買食用的產品時，要了解產品含量。保健食品的外包裝上除印有簡要說明外，應標有配料名稱、功能、成分含量、保健作用、適宜服用人士、不適宜服用人士、食用方法、注意事項等，還有儲存方法、批號、生產廠家。特別是體弱的老人，常年患有慢性病的病人、兒童、青少年、孕婦等，一定要在選擇保健食品時注意查看服用禁忌，以免危害健康。

07
貨不對辦，還惡言相向

很多消費者白白付了錢，仍受貨不對辦和服務態度惡劣之苦。現在就為大家撕下不法商人的嘴臉：

🔍 個案透視

陷阱 1：趁客人赤裸，擅自碌卡過數，威逼客人簽名

陳小姐接受了一個八十八元聲稱極速變靚的一次性 Facial，當日公司職員話產品對敏感皮膚都很有幫助，於是，陳小姐便付款一試。便做完後皮膚嚴重敏感，與「極速變靚」的承諾天淵之別，她埋怨美容中心的服務貨不對辦，於是上門跟美容中心理論。

上門後，中心職員反指她皮膚差，遊說她轉做八百幾元的療程。陳小姐見價錢尚可，決定再試。隔了十幾分鐘，職員竟脫去她上衣話要檢查她胸部，接著就神氣驚嚇地指她胸部乳腺閉塞，叫她加碼做每次二千元的通淋巴療程，又話唔做就會弄到胸部萎縮，影響子宮和日後生 BB，又反問「你識唔識林振強？他就係淋巴癌死！你想死啊！」

陳小姐被嚇得驚魂未定之際，突然有三名職員衝進房間圍攻，擅自拿起她的銀包，一邊介紹中心其他昂貴療程，一邊刷卡，逼她簽單。眨眼間，陳小姐便買了約八萬元療程。

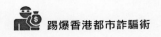

陷阱 2：白白支付 3 萬還遭武力對待

李小姐已失業逾一個月，上周她收到纖形公司招募代言人的廣告，怎料一進入美容公司大門，即被職員困住逾六小時，「軟硬兼施」宣傳減肥套餐。她憶說，當時一名職員出示一份合約，要求她先支付三萬元按金，然後在兩個月接受減肥服務，若最終成功減去十磅，便可獲退還四千元，然後在一年內保持體重水平，才獲退還餘款。

她原打算索取合約副本，但對方拒絕，她有感被騙，便與對方爭論及欲奪走文件，結果美容院召來多名職員到場將她制服，還將她推在地下，她坦言三萬元按金過數後，至今也未獲任何服務。

陷阱 3：蝦你唔識，店舖水貨當行貨賣

蔡小姐在一間店舖買了一部單鏡反光相機，費用一千五百元，當時她曾向店員詢問是否行貨，獲店員肯定地說是行貨，又表示如遇有問題可按盒內的地址找維修中心，有一年保用。

其後蔡小姐使用該部相機拍照，發現菲林出現跳格的情況，於是往維修中心要求檢查相機，豈料維修中心職員指該相機並非行貨，故不會負責維修。對於被人刻意誤導購入水貨，蔡小姐感到十分不滿，於是找回當日的售貨員理論，但當時職員態度欠佳，聲稱「賣水貨並無犯法」，又反口話無講過此機不是水貨，是蔡小姐明知是水貨，心甘情願地交易。

陷阱 4：五星級的費用，一星級的待遇

鄺先生韓國旅行歸來後一肚子苦水，他花了七千元參加

了一家旅行社的韓國五天豪華團，明明單張寫著「享受足足一天半滑雪樂」，但最終只得三個小時滑雪；明明講好旅舍裡有齊淋浴設備，豈料旅客要忍受零下十度的低溫，徒步十分鐘到舍外的地方與其他人共浴；原本安排到多個景點參觀，包括地球民俗村及斗山購物城，但導遊一句也沒有交代就取消了。

他致電到旅行社投訴，但職員一味話負責人不在拒絕再跟他對話；於是他直接上門投訴，但旅行社職員沒有正面回應，只一味表示公司沒有貨不對辦，所有服務已經做足。

陷阱 5：貪平買了冒牌貨

祝小姐在旺角一間特賣場用八百元買了一件職員聲稱名牌次貨的皮褸，但買回家後經朋友點醒，才發現皮褸是冒牌貨，原來朋友正正在該品牌公司任職，所以次貨還是冒牌，一眼就看得出。

祝小姐上門理論，但職員反口皮褸不是他們的貨品，指祝小姐「白撞」、「神經病」，斥責她快點離開，否則報警呢！

祝小姐這才猛然醒起，當日買貨時職員沒有提供單據，根本死無對證，祝小姐大嘆當黑，八百元惟有當買個教訓。

🔍 行騙模式大踢爆

1. 以「陷阱 1」和「陷阱 3」為例，銷售員為急於開單，利用消費者對產品不無所知的弱點，誇張失實。

2. 被騙的消費者上門投訴貨不對辦時，多會受到不合理的對待，例如對方會出言恐嚇甚至動用武力，令苦主怯懦而放

棄追究。

3. 貪字往往得個貧！部份不法分子選擇在人流暢旺的地點，包括油尖、旺角、銅鑼灣及灣仔等旅客購物熱點，以特賣場等形式，售賣標榜為名牌次貨的冒牌貨，他們善於捕捉消費者的心理，將貨品擺到亂晒，貨品又賣得平，等市民以為係名牌次貨，以為執到寶，其實全部都係冒牌貨！如果真係名牌，又點會賣得咁平？名牌貨又怎會在公共屋村的地方以特賣場形式售賣呢？到消費者發現受騙的時候，商舖已經交吉，投訴無門。

4. 無良公司不會提供買貨單據，一旦受害人追究都投訴無門。

🔎 精明防騙之道

1. 購買任何貴價貨品之前，切忌心急，宜事先向熟悉此類貨品的朋友查詢有關資料，不要盡信售貨員的話，更加切勿貪平。就以「陷阱5」的祝小姐，不法分子以特賣場等形式，售賣標榜為名牌次貨的冒牌貨，貨又賣得平，等市民以為執到寶，如果真係名牌，又點會賣得咁平？名牌貨又怎會在公共屋村的地方以特賣場形式售賣呢！

2. 在購買電子器材時，要即時檢查清楚貨品功能是否正常，除了要檢查機身有否刮花外，更應核對機身編號是否與保用證電腦條碼配合，以免誤購水貨得不到原廠保養。消費者如不滿在被誤導下購入水貨，可向消委會投訴，若消委會發現某間店舖投訴量多，手法有問題的話，會轉介警方跟進。

3. 到陌生的地方購買昂貴的產品 / 服務時，最好約朋友或家人一同去，因為大部分騙人的公司都鍾意用一班人遊說，用壓力逼你交錢，所以最好有人陪伴左右，保持頭腦清醒。此外，由親友陪同，這樣可以為公司的失實陳述提供佐證；甚至公司以武力還擊，都有親友做人證。

4. 所謂「口講無憑」，付款之前，要看清楚產品說明是否合符自己要求，不要盡信銷售員的口述。如果要簽署文件，更不要怕麻煩，而要仔細研究合約條文，特別是留意合約有沒有陳述當消費者發現貨不對辦時可以擁有甚麼保障。

5. 宜光顧信譽良好的商舖。

6. 不要向惡勢力低頭，如果受不到不禮貌的對待，如對方動用武力或出言恐嚇，要報警求助，甚至將對質整個過程用錄音機錄下來，作為日後申訴的理據。

7. 如果不滿意收費，而信用卡 / EPS 卡已被「扣留」在職員手上，你要「企硬」拒絕簽帳，有需要時可致電報警。

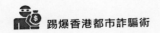

08
利用賭波網騙財

很多消費者白白付了錢，仍受貨不對辦和服務態度惡劣之苦。現在就為大家撕下不法商人的嘴臉：

🔍 個案透視

陷阱 1：佯稱幫你開馬會戶口賭波

Fanny 在 Facebook 見到一則帖文，表示可以在八日內以 1000 元變 25 萬元，聲稱如果不達標會全數退會費本金。Fanny 不懂賭波，但純粹因為想搵快錢，於是聯絡中帖文中的「Wing 姐」了解。Wing 姐表示，Fanny 沒有馬會戶口或不懂得投資，也可以參加。Wing 姐可以為 Fanny 投注，並於翌日將利潤匯入會員戶口。Fanny 不虞有詐，於是，按指示入了八千元。但付錢後，Wing 姐的 Whatsapp 就沒有再應機，Fanny 始知遇騙。

陷阱 2：成為賭波網會員後，只獲得山埃貼士！

「做人做狗自己決定」

「過闊太生活」

「日日買新手袋」

欠債的 Bobo 在一個賭波網頁見到這些口號，非常心動。於是主動問網主如何可以快速賺錢。

網主表示，自己有必贏貼士，只要網友入錢參與計劃，

並聲稱貼士準確率高達九成，若計劃不達標，可以退回費用。Bobo 二話不說，就參與了 6000 元加入「10 日計劃」，但連續幾天根據報料投注，一場都沒中過。Bobo 心灰意冷，要求退錢時，網主沒有再回應。

陷阱 3：賭波貼士網扮扶貧，騙會費代投注，但從不派彩！

阿輝平日喜歡踢波，更愛賭波。一次，他無意中入了一個網站，網主聲稱每月落區派發贏波橫財，並上載派錢予貧民獲即時致謝片段，以證明貼士準確；網主又表示獲得莊家提供「打假波」內定賽果，絕對穩賺。對方表示他們的「會長」熱心公益，不但把部分收益捐助慈善機構，又將每月其中一天定為慈善波膽日，落區派發當天贏波收益的三成予街坊。阿輝心想，又可以贏波，又可以做善事，一舉兩得，於是主動聯絡網主，表示想參與這個計劃。網主回覆，要阿輝授權網站員工代為他投注球賽波膽。阿輝不虞有詐，按網主指示填妥好授權文件。結果連續三次敗北，損失共九千元。

阿輝輸光本錢後，網站人員游說他，承諾私下借款一千元代為投注，他勉強同意，沒料贏回六千元，阿輝頓時興奮莫名。正當他想提取獎金之際，網主表示他不能不能領取，除非阿輝先付一萬二千八百元入會費，或將本錢投注另一球賽，他別無他法，於是選擇再下注，結果輸清光。這時，網主又游說下注，此刻阿輝終於如夢所醒，真相是有人只為騙財，即使贏錢也拿不走，因為根本無人幫他投注，騙徒是用各種煙幕騙取他的入會費，但從不派彩！

🔍 行騙模式大踢爆

1. 「賭波貼士網」近年湧現，不斷上載現金、名車等相片，炫耀「貼士準確」，自誇「可助人致富」。當有網友查詢會費及每場貼士收費，網主就會熱情回答，並聲稱貼士準確率高達九成，若計劃不達標，可以退回費用，絕不「走數」。

   受害人信以為真，就會按指示轉帳費用入會。其後連續幾天都收到網主提供的所謂貼士，但受害人根據報料投注，一場都沒中過。受害人感到心灰意冷，決定要求退錢時，對方就會「玩失蹤」。

2. 有些情況是賭波的網友想退錢時，網主訛稱受害人參與的計劃太低級，受害人必須加碼進級，才能獲得更「猛料」的貼士。結果，受害人為了想「收復失地」，陷阱越踩越深，到頭來損失更多！據報道，在世界盃舉行得如火如荼期間，有不少賭波貼士網站聲稱提供「絕對保證贏錢」的「100% 波料」，強調不會收費。受害人被推銷入會，有受害人一次過被騙去四萬元會籍！

🔍 精明防騙之道

1. 互聯網及社交平台為虛擬世界，網民如作出金錢交易，需要先核實對方身份。對於所謂必賺投資計劃，更應該小心查實，便宜莫貪。

2. 你真的相信呢個世界上有貼士係必贏？
   如果你信，你就輸了！

有網站每天張貼中獎彩券和展示鈔票，聲稱有內幕貼士，招收會員，收入會費，但不少網站收錢後關閉。這些炫耀「貼士準確」，自誇「可助人致富」的背後，實際是詐財騙局。

街頭神棍騙案

本港街頭騙案屢禁不絕，正當警方設法嚴打裝神弄鬼騙財的「祈福黨」和呃人巨款買垃圾的「寶藥黨」之際，新一批更狡猾的騙徒接班人已經冒起，他們改頭換面，變身「跌錢黨」、「執錢黨」、「借錢黨」，伺機肆虐社區，一網打盡老中青受害人。

01
祈福黨裝神弄鬼騙財

「祈福黨」一般先由女騙徒出面，與受害人搭訕，聲稱受害人氣色不佳，家人會有災劫云云；又稱可以介紹一位「世外高人」，替受害人一家消災解難和治百病。祈福黨的其他成員就一個接一個的出現，終於騙得受害人「落疊」，把畢生積蓄全交予對方代為「拜神祈福」，最終換來一堆廢紙、爛生果或陰司紙。

🔍 個案透視

陷阱 1：誤信兒子有血光之災，被騙畢生積蓄

鄧老太送孫兒上學後，往一間茶樓品茗，離開酒樓落樓時，一名女騙徒趨前問她是否認識一名神醫，傾談間第二名女騙徒出現，自稱認識神醫孫女，未幾自稱神醫孫女第三名女騙徒現身，問鄧老太是否信有神醫，聲稱知鄧老太丈夫已去世及育有多名子女，鄧老太感詫異之際，女騙徒又指稱看出其兒子於兩、三天後會有血光之災，要逃過此劫，須用金錢化解，愈多愈好。

鄧老太信以為真，返回寓所拿存摺往銀行提取二十萬元後，於下午二時攜款往一間小學門外，與三名女騙徒會面，三名騙徒當時都各手持載有生果的紅色膠袋，自稱神醫孫女的騙徒表示祖父沒空，但指示鄧老太將錢放於一個載有生果

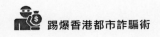

的膠袋，用手指在鄧老太掌心作狀畫符後，叫她拿著該個載有巨款及生果的膠袋，在學校繞一圈，跟著搭巴士返家，三天後才打開膠袋。

女騙徒叫鄧老太不要回頭望，免影響她們要為其子祈福，鄧老太按照指示離去，但上巴士不久鄧老太按捺不住好奇心，打開膠袋一看，才發現袋內只有生果及報紙，始知受騙報警。

鄧老太過去二十年積存下來的二十萬元現金全數被騙光，只留下一份爛報紙及數個爛生果，真是欲哭無淚。

陷阱 2：誤信一家有劫難被騙財

三十六歲的戴小姐在元朗街頭遇到三名陌生人，其中一人指戴小姐家宅欠平安，三日後一家必有劫難，需要台灣法師做法事。

戴小姐誤信為真，為祈求家人平安，帶同三人回家，後取屋契到銀行做按揭，套現一百二十萬元。之後，戴小姐又帶其中一人回家，將現金及鑽石指環等約百多萬元的財物給騙徒做法事祭祠之用。

法事完畢後，戴小姐在凌晨再返回寓所，才發現袋中的財物失去，於是報警。

陷阱 3：以笋工打開話題，再以祈福為名騙財

李小姐下班後到街市準備買餸回家，其間有一名年約四十歲、中等身材及束短直髮的女子走近搭訕，言談間，對方指李小姐現時的工作太辛苦，表示可以介紹一份較舒適而且高薪的工作給她。

正當李小姐猶豫不決之際，第二名女騙徒出場，她扮作在旁聽到兩人對話，並謂：「佢唔做，不如介紹我做啦！」

李小姐見有人和她爭做該份工作，立即向一女騙徒說：「我做，我做！」

這時候，兩名女騙徒見李小姐經已上當，於是進一步一唱一和，指李小姐真是有福，一定是有神靈庇佑且必須祈福酬恩。

第一女騙徒更謂祈福一定要以真金白銀作祭品，而且可以得到一倍的回報，例如以十萬元祈福，將來就可以賺回二十萬元；此時，第二女騙徒即表示亦要加入一齊祈福，並相約稍後在附近公園會面。

李小姐信以為真，於是先後到兩間銀行提取了全部積蓄共六十萬元，再到公園與兩名女騙徒見面。

當時，第一女騙徒已準備了兩個一式一樣的環保袋，裡面各放有兩個蘋果，給了李小姐和第二女騙徒，並要她們各自用報紙將鈔票包裹，然後放入環保袋內。

李小姐信以為真，依照吩咐用報紙包好六十萬元現金，然後放入袋中。

第二名女騙徒亦裝模作樣用報紙包鈔票，事實上她是將一陰司紙用報紙包上。之後兩人將兩個環保袋交給第一女騙徒，第一女騙徒即著她們閉上眼睛誠心禱告，然後趁此機會將兩個環保袋對調，待李小姐禱告完畢後將環保袋交回給她，叫她回家再上香一次，至凌晨零時才好打開取回款項。

李小姐不知受騙，還熱情地與兩個女騙徒道別。返家後，李小姐打開環保袋一看即晴天霹靂，發覺裡面全是陰司紙，始知受騙。

陷阱 4：自稱神仙託世，可保人一家平安

盧婆婆逛街時，一名素不相識的女子走近詢問盧婆婆是否認識一名可轉運的老翁，未幾第二名女子出現走近聲稱認識該老翁，又言之鑿鑿指他可消災解難。三人其後到附近一公園閒談，此時第三名自稱仙翁孫女出現，訛稱盧婆婆「將有家人會死」，若交出財物予爺爺可代為轉運。

盧婆婆擔心家人有事，深信不疑，在其中兩騙徒陪同下，在銀行提取二十萬元現金和首飾予「孫女」返回住所供仙翁作福。

之後，騙徒將一個灰色布袋交還盧婆婆，並著其「一星期後才打開，且千萬不能告知家人，否則不會靈驗」。

盧婆婆回家後終覺可疑，打開袋子，發現血汗錢變成四個膠袋、一份報紙，以及數盒盒裝飲品，於是報警求助。

陷阱 5：針對事主困憂，再扮好心出手打救

祈福黨的騙人行徑，簡直喪盡天良，人神共憤！

受騙婦人姓徐，與丈夫育有一名年約六歲患有嚴重弱聽的兒子。

徐女士非常疼錫兒子，對愛兒缺陷一直耿耿於懷，與丈夫將辛勤工作賺來的積蓄，一點一滴存入夫婦聯名戶口，以備兒子將來不時之需。

三名祈福黨女騙徒伺機與徐女士攀談，得悉徐女士家庭背景後，聲稱只要徐女士拿出畢生積蓄為子祈福，其子便可以恢復十足聽力，更向徐女士說「銀行有幾多就攞幾多，否則就唔靈」！

徐女士為醫好愛子，立刻到銀行取出與丈夫聯名戶口內

百萬元積蓄及保險箱內的嫁妝金飾，最終遭騙徒偷龍轉鳳，積蓄與金飾變成生果和牙膏。

🔑 行騙模式大踢爆

1. 祈福黨是一幫不法之徒，至少有三人，組織成犯罪集團，成員中有角色扮演，例如：

   ‧騙徒甲（到處尋找神醫，其實是尋找犯案對象）：
   極力遊說苦主一同相信該神醫法力無邊。

   ‧騙徒乙（扮作認識神醫的人）：
   自稱認識神醫，探信神醫能醫百病。

   ‧騙徒丙（神醫的徒弟、助手或至親）：
   自稱是神醫的徒弟、助手或至親，訛稱神醫行蹤神秘，法力無邊，視錢財如糞土。他會胡謅受害人家中會遭逢劫難，又指神醫如今肯出手打救，是受害人莫大的運氣和無上的福氣云云。

2. 被祈福黨騙財的苦主一般有以下特質：

   ‧ 防騙意識低：無知的婦孺及老人家，對陌生人沒警覺，容易輕信別人。

   ‧ 一意孤行：作出重大決策之前，也不習慣與家人朋友商討，漠視銀行職員等專業人士的忠告。

   ‧ 具有羊群心理。

   ‧ 相信超自然力量、迷信。

   ‧ 心愛家人，為家人祈福，不惜以自己的財物犯險。

3. 「祈福黨」行騙七步曲：

Step 1：騙徒甲當眾（多在酒樓搭枱）假裝到處找神醫。

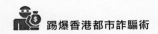

Step 2：向受害人佯稱自己家人有事，知道有一位神醫的法力無邊，可以為他祈福，並且極力遊說受害人相信時運低，一同去找神醫代祈福。

Step 3：騙徒乙出現，扮好心替信眾求神醫為眾人祈福，但是要信眾交出畢生財物作為祈福祭品，財物金額愈多愈有誠意。騙徒乙並保証祈福之後，有關財物可以完璧歸還各位信眾，甚至雙倍奉還。

Step 4：受害者初或半信半疑，不過經不起騙徒的遊說，錯下決定，回家取出財物，或到銀行把存款提取出來，作為祈福祭品。

Step 5：在祈福過程中，假扮神醫至親的騙徒指示苦主閉上眼睛誠心禱告，並在苦主不察之際，將祈福財物包裹調包了。

Step 6：祭禮事後，騙徒乙指示信眾，祈福財物包裹不可即場開啟，必須回家後或數日後才可以開封。

Step 7：結果，當祈福黨人間蒸發之後，苦主才發現祈福財物包裹裡的財物不翼而飛，可惜已經上當受騙了。

🔑 精明防騙之道

1. 不要相信陌生人的說話，要理性分析。

2. 動用大筆款項之前，應先與家人商量。

3. 避免提取大量現金給陌生人。

4. 家人要互相幫助，每次有類似「祈福黨呃人」的新聞，在家庭聚會上分享，讓各人都有所警惕。

5. 單憑氣色觀察個人甚至其家人運程，是不太可能，市民

要提高警覺。

6. 祈福黨騙徒手法雖舊，但「橋唔怕舊，最緊要受」，很多苦主都是長者，他們教育程度偏低和較相信命運。中國人家庭觀念很強，長者十分關心下一代的健康，他們會透過拜神，祈求合家平安。騙徒以祈福為名，很多長者都容易墮進圈套。

7. 人的運勢需從多方面看，包括陰宅及陽宅風水、命格及氣色，並非看一就可看得出。如果有人望你一眼就指指點點，唔使諗，一定係呃人。

8. 祈福不可以假手於人，要你自己親自做善事先得，豈能付錢給陌生人，就期望陌生人幫你作法改運呢？大家拿錢去做善事行善積德更好啦！

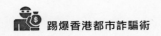

02
寶藥黨呃人巨款買垃圾

寶藥黨的行騙手法十分簡單，兩或三名騙徒在街上向受害人兜售草藥／藥丸／藥物，誇大這些「寶藥」的療效，或誘騙受害人合資購買以賺取豐厚的利潤。當然，若受害人花錢購買，只會得到一些毫無價值的貨品。有受害人花了幾十萬買了兩條只值十元的假人參呢！

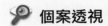 **個案透視**

陷阱 1：以搭順風車為餌

六十九歲的羅伯準備經深圳往湖南家鄉探親，途經上水附近即被一名中年男子截停搭訕，該男子聲稱是內地一家醫院的高級幹部，剛在台灣開完醫療會議，正等候內地政府派車往上水接他過境，而他願意載羅伯一程。羅伯欣然接受，雙方在路邊等車傾談。

其間，一名女子趨前，向該名「高幹」兜售一批聲稱能醫糖尿及有壯陽功效的寶藥，並指每條草藥二百多元，一紮共四條，賣一千。「高幹」隨即向羅伯表示，該藥珍貴無比，內地極受歡迎，一過深圳，便會有人以一千五百元四條收購。當羅伯心動，立即取出一千元交給騙徒。

後來，羅伯將草藥交給一位開中藥店的朋友，才發現該批只具清熱作用的海燕，每條的售價只有二十元！

陷阱 2：自稱醫學教授騙取信任

年逾六十歲的容婆婆在深圳的士站候車時，遇到一名男子，該男子聲稱即將來港在某醫院講學，介紹一種名叫「海底燕」可醫治糖尿病的藥物。男子不斷聲稱這批是寶藥，限令潘老太在兩個小時內拿取二十萬元返回深圳的士站交易，又佯稱「唔買就走寶」。

容婆婆竟聽從指示，立刻返港到東區某銀行提取二十萬元，幸銀行職員機警起疑，並立刻通知警方。容婆婆才保得住二十萬的養老金。

陷阱 3：扮好心帶路

趙小姐經羅湖過境深圳，打算到羅湖汽車站乘車往中山，一男子向她表示汽車站正裝修，但可以帶她到附近的新站，兩人行經一條橫巷，遇上自稱是中山人民醫院醫生的男子，稱剛送院長去香港學術交流，可以帶女事主乘順風車回中山。

趙小姐形容該名自稱是中山人民醫院醫生的男子外表斯文，彬彬有禮，她以為此人真是醫生。當她跟隨「醫生」到東門，在一間酒店門口第三名騙徒手拿一袋海馬推銷，「醫生」一看就指是好東西，還說想不到深圳只要一千元一對，在醫院可是一千五百元一對呢！

由於一時貪念，趙小姐即時以身上二千元買了兩對，在騙徒慫恿下，更即時返港，到銀行提取十二萬港元買了一大袋海馬。

趙小姐未知道受騙，還拿著一袋海馬向香港的藥房兜售，老行家一看即拆穿全是假貨，趙小姐始知受騙，頓感晴天霹靂！

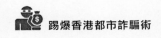

陷阱 4：獎品誘騙長者聽講座買假貨

隨街騙人的「寶藥黨」明目張膽開舖呃人！

某間公司每天向長者派贈品邀請聽講座，贈品很多，包括洗潔精、餅乾、米粉、一大包麥片。

用大量贈品作招徠，長者當然唔執輸，每天排隊出席講座。

長者一入講座，即遭職員千方百計遊說購買各式保健產品。黎婆婆雖覺其中有詐，卻不敵職員噓寒問暖的關心攻勢，數年內竟因此被騙盡近十萬元「棺材本」。黎婆婆的女兒迄今說起此事仍非常憤怒，指該公司曾向到場長者宣稱，推銷的產品全部均有醫療效用，又聲稱全是由台灣某集團提供，她曾致電台灣某集團查詢過，負責人表示該店並非旗下合作夥伴，女兒始知母親受騙。

陷阱 5：免費作餌，後再騙財

一家聲稱能醫百病的中心每天每半小時就舉行一次講座，著力遊說出席長者免費試用一張座墊，免費的背後當然另有目的，職員會不斷聲稱座墊可治療風濕及中風，遊說長者付鈔超過四萬元購買。職員也會遊說長者，做一次三百五十多元的身體檢查，聲稱只要讓電流通過身體，甚麼隱性疾病也可即時測知。

徐伯誤信職員的說話，接受了一次電流檢查。職員看過電流報告後，說了一堆老人常見的疾病，如腰骨痛、血壓高、糖尿病等，徐伯對職員完全說中自己的毛病感到詫異，讚嘆電流測試神通廣大！

職員順勢拿起座墊，表示這張座墊可以根治他的毛病。

徐伯一時「耳仔軟」，便買了這張四萬元的座墊回家。

一個月後，徐伯一位任職醫生的兒子回家探望，始知父親受騙。

兒子直斥這類公司沒良心，騙老人家錢，不可能坐一張墊，便可知百病、醫百病。此外，身體不同部位的疾病，均要不同的檢查才會測知，無可能透過電流就可以即時測知隱性疾病。

🔑 行騙模式大踢爆

1. 行騙手法十分簡單，兩或三名騙徒在街上向受害人兜售草藥／藥丸／藥物，誇大這些「寶藥」的療效，或誘騙受害人合資購買以賺取豐厚的利潤。當然，若受害人花錢購買，只會得到一些毫無價值的貨品。

2. 騙徒如何取得受害人信任呢？兩個陌生人如何打開話題呢？原來，騙徒通常會在候車區附近，藉詞順路，以搭順風車為餌，受害人上車後，騙徒開始和受害人攀談，更佯稱自己有一批寶藥，轉手後會獲利，哄受害人付錢購買，唔買就走寶云云。

3. 有些騙徒就訛稱自己是某大學的醫學教授。他們並非賊尾賊眼，而是西裝打扮，外表斯文，彬彬有禮，令受害人誤信他們真是專業人士。他們聲稱可以用超抵價，購買一批能醫治某種疾病的藥物，哄受害人夾份買，「唔買就走寶」。當受害人付了巨款後，換來只是一堆一文不值的垃圾。

4. 隨了以搭順風車為餌，部分騙徒會以送獎品作招徠，哄受

害人聽講座。講座上，職員會大打溫情牌，對講座出席者嘘寒問暖，關懷備至，出席者被哄得心花怒放之際，職員再向他們兜售貴價貨，又誇大其藥用價值。出席者心想：「佢咁關心我，應該唔會呃我」，結果，把血汗錢雙手奉上。

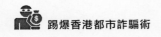 精明防騙之道

1. 若身體不適，應立即延醫診治，不要胡亂相信陌生人推介的所謂健康產品。

2. 如要購買草藥等貨品，應光顧信譽良好和保障顧客追索權力的商舖。

3. 市民切忌輕信用上一大堆「科學名詞」包裝的產品，有疑問時應向衛生署、海關及消費者委員會詢問或投訴。

4. 不要盲目信任陌生人的吹嘘。對方提供的醫學或科學數據未必屬實，大家應該詢問醫生。尤其是服用的藥物或健康產品，購買保健食品時注意不要盲目聽信誇大宣傳和虛假宣傳，如有懷疑，宜帶同產品向醫生請教。

5. 購買食用的產品時，要了解產品含量。保健食品的外包裝上除印有簡要說明外，應標有配料名稱、功能、成分含量、保健作用、適宜服用人士、不適宜服用人士、食用方法、注意事項等，還有儲存方法、批號、生產廠家。特別是體弱的老人，常年患有慢性病的病人、兒童、青少年、孕婦等，一定要注意查看服用禁忌，以免危害健康。

03
跌錢黨伺機偷財物

「小姐 / 先生,你跌咗錢喎。」

當你彎身查看地上的金錢時,看看自己是否跌錢時,冷不防手袋裡的財物或褲袋裡的銀包已被賊人偷去。你發現遺失財物時,賊人已伺機逃走了。

🔍 個案透視

陷阱 1:扮好心提你跌錢,乘機偷錢

一天下午,莫先生與友人在上環信德中心附近一間銀行提款後,準備前往澳門,在候船期間,兩人到上環一間快餐店午膳,男友人先往購買食物,莫先生將放錢的手提包放在旁邊。

兩名騙徒向莫先生表示,他跌了 10 元,當莫先生彎身查看時,賊人乘機搶去手提包,莫先生見狀追上去,但騙徒已成功逃脫。

陷阱 2:借跌錢為名,偷卡為實

港人黎先生在深圳一個櫃員機提款,一名內地中年女子站在他身後作狀排隊,黎先生不以為意插卡並輸入密碼,豈料身後的女子已偷看到黎先生輸入的密碼。

內地女子企圖偷走他的提款卡,以拋磚引玉手法,將一

張人民幣紙幣掉在地上，向黎先生說他掉了錢，引開他注意力，伺機偷去正退出櫃員機的提款卡。黎先生以為自己真的跌錢，於是低頭撿拾，此際發覺該女子欲偷走他的提款卡，黎先生一手捉著女子手臂，女子見事敗激烈掙扎，拉扯之間在不遠處衝出兩名大漢，其中一人不由分說，一刀捅進黎先生的腹部，受傷送院，而三名歹徒已逃去無蹤。

陷阱 3：扒手用鈔票轉移視線

內地遊客易先生攜著一個黑色手提袋坐的士返回酒店，剛落車，見到地上有兩張十美元鈔票，貪念萌生，立即俯身去撿拾，突然，有人衝出來假裝截車，從後強搶易先生的手提袋。

易先生的手提袋脫手，匪徒迅速關上的士車門，並吩咐司機開車離去。易先生奔進酒店求助，酒店經理報警。他報稱被搶去的手提袋內有八萬港元、二千美元、兩張信用卡、護照、支票簿及一部手機等。

陷阱 4：遊說受害人均分地上錢

一天，在油麻地彌敦道近窩打老道交界，騙徒以普通話向邱先生查問地上一疊外幣鈔票是否他掉下的，邱先生稱不是後，掉頭就走，騙徒及兩名助手趕忙拉住邱先生，遊說均分該疊鈔票，並一同到一間食肆商討。

三名騙徒在食肆內表示要拿該疊外幣往兌現港幣，但為公證，彼此須各將二萬元放入一個紙袋中，由邱先生保管直至他們返回，邱先生苦等了一小時仍不見他們返回，打開紙袋查看，發覺裡面全是廢紙，始知被對方偷龍轉鳳騙錢！

陷阱 5：因貪念撿一千元後被屈偷五千

　　某晚十點，珍姐放工途經尖沙咀一條較靜的街道，見到地上有一張一千元紙幣，她一時心動彎身撿起一千元，並把一千元放入銀包之際，有兩個彪形大漢匆出來圍著珍姐，其中一人兇惡地說：「喂，錢是我的，我唔小心跌了，想從地上撿起來的時候就給你先奪去了！你敢偷我錢！」

　　珍姐嚇得一身冷汗，馬上從銀包裡掏出一千元還給兩人，但另一男人扯高嗓子說：「阿姐，明明跌了五千元，五張一千元，還欠四千呀！」

　　珍姐反駁稱，地上只有一張一千元，根本沒有五張那麼多！

　　兩名男子得勢不饒人，還威脅如果不還多四千元，就對她不客氣。

　　當時已夜晚十點，街上途人疏落，萬一有事真的叫天不應叫地不聞，珍姐息事寧人，就從袋中拼揍了四千元給兩人。

🔎 行騙模式大踢爆

1. 以小量現金作餌，誘騙事主俯身檢拾，乘機搶去財物；其次則是以茄汁或其他飲料弄污事主衣物，匪徒藉詞替其清理，俟近身時偷去放在袋內的珠寶或現金；另外，匪徒亦會突然停步或煞車阻擋事主去路，趁事主忙於閃避及驚魂未定時下手。

2. 有時受騙的苦主並不貪財，只是誤信騙徒的說話，以為真的跌錢。苦主彎身查看時，褲袋的銀包或手袋裡的貴重物品就會被賊人盜去。

3. 跌錢黨睇中的獵物一般具有以下特質：

· 銀包插在褲袋

· 手袋拉鍊沒有拉好

· 粗心大意的人

· 手機隨處放的人

· 佩載貴重手飾的人

4. 以下是「執錢黨」的行騙過程：

Step 1：騙徒甲會在街上，在受害人面前假裝「無意地」掉下一疊金錢，之後便離開現場。

Step 2：不久，騙徒乙出現，在受害人面前快速把金錢放進袋裡，又問受害人想不想與他均分或分到部份金錢。通常受害人起初也是拒絕，但很容易被騙徒說服。

Step 3：此時，騙徒甲會返回現場，指控騙徒乙偷錢，然後騙徒甲和乙會假裝爭辯。

Step 4：爭辯期間，騙徒甲聲稱要「報警」，騙徒乙便會把手袋轉讓給受害人，但要求受害人利用身上珠寶首飾

或金錢等作抵押或信據，騙徒乙為免被拆穿，會提醒受害人不要開啟手袋。

Step 5：騙徒甲和乙一起去「報警」（事實上是人間蒸發），然後不會回來。當受害人趁他們兩人離開後看看手袋，發現袋中的全是廢紙，這時，受害人知到被騙，但卻失去自己的財物了，又沒法拿回。

5. 另有一種行騙手法就是，騙徒刻意掉下大面額的鈔票，事主因貪念而彎身撿拾時，騙徒就會賊喊捉賊，指責事主偷錢，並恐嚇事主，強迫事主歸還雙倍甚至更多的金錢。

6. 一般而言，被執錢黨所騙的受害人都具有以下特質：

· 無知的老人：防騙的意識很低，又容易輕信其他人

· 貪錢的人：十分貪財，總是把錢放在第一位的人

7. 匪徒犯案時多數聯群結隊互相掩護，在銀行、找換店及珠寶店鎖定獵物後，跟蹤目標到僻靜處即分散事主注意力，伺機明搶暗偷。

8. 大部分的不法之徒都是中年男子，而主要的受害人是中年的藍領。大多數案件在早上 7 時至 9 時發生。

🔑 精明防騙之道

1. 如果自己的財物掉到地上，要提高警覺，切記不要顧住撿拾而疏忽自己其他財物。

2. 如果你是途人，目睹「跌錢黨」騙徒犯案，應立即報警，不要袖手旁觀。

3. 應勸喻老人不要相信陌生人，也可模擬跌錢黨過程，避免其他家人受騙。

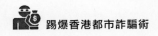

4. 在人多擠迫的地方，將背囊或手袋放在身前，勿將銀包放在褲後袋，建議放在恤衫前袋或外套的內袋。

5. 所謂「財不可露眼」，盡量避免將手提電話掛於身上，應將手提電話、iPhone 或 MP3 等貴重物品放入手袋內。

6. 市民要路不拾遺，免令不法分子有機可乘。

7. 執錢黨其實是由跌錢黨演變出來的罪行，市民勿因一時貪念而「中招」。

8. 如果自己的財物掉到地上，要提高警覺，唔好為顧住執錢而疏忽自己其他財物。

9. 在人多擠迫的地方，將背囊或手袋放在身前，勿將銀包放在褲後袋，建議放在恤衫前袋或外套的內袋。

10. 所謂「財不可露眼」，盡量避免將手提電話掛於身上，應將手提電話等貴重物品放入手袋內。

11. 盡量減少佩戴貴重的飾物。

12. 在酒樓食肆內不要隨便將手機或銀包放在枱面或椅背。

13. 勿因一時貪心而墮入騙徒陷阱。

14. 如同意收受部分「金錢」，即觸犯了盜竊罪，即使受騙上當，警方亦不會寄予同情。如目睹這類行徑，你應該向警方舉報。

04
「人肉撞車黨」屈藥費

「人肉撞車黨」在港九各區盤據搵食，有司機被指「撞倒」內地婦人後，四面八方瞬即湧來一班「同黨」，聲稱是幫婦人出頭，實則是乘機敲詐司機。

🔑 個案透視

陷阱 1：騙徒突然迎著司機車頭衝過來，扮被撞倒！

一天，Michael 駕駛一輛私家車沿長沙灣道往美孚方向時，一個中年男人突然衝出馬路，並撲向 Michael 的私家車車頭。Michael 見狀大驚，馬上剎停車輛，幸好車輛在男人面前及時停下來。但男人大叫一聲，馬上倒在地上，狀甚痛苦。Michael 肯定自己並沒有撞倒該男子，於是上前跟他理論。男人大叫大嚷，要求司機賠償一千元「湯藥費」。

Michael 表示男子手腳並沒有擦損，但男子卻表示 Michael 車輛撞到他胸部，現在他胸部痛楚難當，可能內有骨折，堅持 Michael 一定要賠錢。Michael 覺得男子有心騙財，於是決定報警。豈料，男子知道 Michael 真的要撥號報警，就霍地站起來，並表示自己並無受傷，毋須送院治理，並立即逃離現場。

陷阱 2：不滿被響按，於是誣告被撞

這天，Jenny 駕駛著一架車輛，右轉入文昌街時，見前

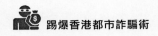

面有名男子正為車輛更換車胎。但男子身處的位置太近路中心，於是 Jenny 響按示警，希望男子避開。

豈料，該名男子突然轉身，怒氣衝衝地迎面衝過來，如同「撞車黨」般撞向車頭後，再反彈倒臥路中。

幸好 Jenny 私家車有安裝行車記錄儀，她自言清白，於是報警求助，並將車 Cam 紀錄交予警方。

🔑 行騙模式大踢爆

1. 騙徒衝向私家車，其後七情上面地「撞車」倒地，狀甚痛苦。有些騙徒更有同黨，在些騙徒倒地後，附近的同黨會一擁而上，扮「睇唔過眼」，要為「傷者」追討醫藥費。由於事出突然，因此，有些司機會因為怕麻煩而賠錢就範。有些騙徒收錢後，更要求司機留低電話號碼，表示「聽日如果有咩唔妥我哋就搵你！」意思是騙徒之後可以因為「頭暈身慶」而繼續苛索金錢。

   有些司機以防有手尾跟，會在賠錢後，要求「傷者」簽紙同意不再追究，惟不獲接納。傷者會表示：「唔簽啊，大家講個信字，簽就要加錢。」

2. 「屈錢」事件時有發生，指騙徒覷準司機怕麻煩心態，特別是職業司機，因「搵食車」車主訂明，租車司機遇到交通意外要索償車保，要付一萬蚊。租車司機往往寧願付幾百蚊當「跌咗」。另外，即使司機報警處理，騙徒亦可以「一場誤會」作藉口全身而退而不被控告。

🔑 精明防騙之道

1. 司機要在車輛安裝行車攝錄器，萬一有事發生，可用 Cam 片段作證，免被「撞車黨」敲詐，保障自己。

2. 一旦遇上「人肉撞車黨」，司機不要私下與騙徒談判，宜先報警，把「傷者」送院，再在警方陪同下，與「傷者」協議解決方法。

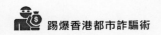

05
騙取港人同情心

不少行乞人士都濫用港人的同情心，令港人被騙取後深感不憤。

🔍 個案透視

陷阱 1：扮嚴重傷殘滑板代步行乞博同情，內地乞丐湧港搵食

一名男乞丐在人來人往天橋中行乞，他趴在滑板車上面，雙腳蹬直往前，並推著紅色膠桶，不停穿梭乞討，他還自備音響喇叭，開大音樂，博途人同情，叫大家施捨錢，完全交足戲。「下班」後，該名乞丐極速變身成為健全人士，拔腿就跑，健步如飛地離開。

陷阱 2：假和尚來港行乞

六十八歲的魚仔（化名）被告由湖北來，他持雙程證來港首日，即到街上行乞。他向眾人行乞時，是用普話話交談，路過的陳先生懷疑他是內地雙程證旅客，借旅遊為名在港行乞賺錢，於是報警求助。事件後來進入司法程序。上庭時，法官問魚仔來港目的是甚麼。魚仔起初回答來香港玩，指「大陸是這樣，住到邊乞到邊」，法官反問：「大陸無錢還可以去旅遊？」最終，魚仔承認持雙程證來港是為了賺錢。

陷阱 3：騙徒假冒無國界醫生借錢

有騙徒自稱自己為無國界醫生人員，目前南蘇丹、敍利亞等戰亂地區工作，因合約完結、提早完成任務及生病等不同原因，而需要他人代收包裹，甚至借錢以支付額外行李費等。部分騙徒為增加可信度，更會展示虛假的文件證明，包括航班行程資料、無國界醫生信件及單據。

🔍 行騙模式大踢爆

1. 騙徒的手法層出不窮，主要都是要利用人們的同情心。
   曾有四肢健全的中年男子穿着特製的褲子，假裝截去右腿下肢的傷殘人士行乞。他穿好「制服」後頓成「獨腿漢子」，然後坐在地上，環顧四周後，就一手推着手拉車，一隻手穿上鞋子「以手代腳」行走，開始賺錢工作。

2. 曾有內地男子身穿緊身單車手服裝，配備防風沙太陽眼鏡、手套、護肘，背囊掛上頭盔，地上放置紙牌，以簡體字寫上「千里騎行，水盡糧絕，請求幾十元錢吃飯及湊點錢路上備用」。有路人詢問男子因何落難，男子以普通話回應，表示來自四川，踏單車穿州過省抵港，因路費用盡，只好向港人求助。他全副裝束齊備，但卻不見單車，男子表示單車放在港鐵羅湖站，但拒絕回應持甚麼證件來港，又稱不知行乞犯法。

3. 曾經有一名內地「大肚婆」聲稱來港搵丈夫，但來港後慘被丈夫離棄，因無路費回鄉，惟有在街上寫大字報行乞，「聲哭俱下」借路費，並在大字報上寫明價目：$480。曾有好心人給她 480 元後離開，但相隔不久兩天，該名

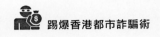

「大肚婆」又再度出來，用相同理由行乞，今次大字報標明的價格「漲」了，要 $880。有路過的街坊不值她所為，於是在社交網站上「公佈」她的惡行。

4. 乞丐也與時俱進，掌握利用新技術！大陸乞丐用支付寶在國內行乞已成常態，此風已殺入香港。有乞討為生的內地客列印出微信支付的二維碼，並貼在用來乞討的水杯上，讓沒現鈔的市民掃碼付款。

🔍 精明防騙之道

1. 內地人士因行乞被警方拘捕、檢控及判刑的案件主要集中在中區、油尖區和旺角區，主要持「雙程證」來港。根據《簡易治罪條例》26A 條，任何人士在公眾地方、街道或水道乞取或收取施捨，均屬違法。因此，大家要保持清醒頭腦，看清楚乞丐的真正身份。

2. 不少乞丐背後有組織操縱，專向旅客着手，一天甚至比普通打工仔賺得更多，又指心軟只會助長乞討。市民可提供金錢以外的物質輔助，例如食物或綿被，亦可聯絡社署或與慈善機構跟進，此舉可真正幫到有需要的落難乞丐，亦可以避免金錢損失。

3. 無國界醫生表示，救援人員是自願參加有關工作，如因個人理由需提早離開，不會要求對方支付任何費用。另外，無國界醫生會在人員參與救援項目期間，為前線提供所需的物資及設備，故他們毋須向其他人提出財政或資源上的求助。無國界醫生呼籲公眾人士提防有關詐騙，並謹慎應對。

06
神棍藉邪術騙財騙色

　　過份在意眼前的得失，害怕失敗的人就是神棍的最佳獵物！神棍會誇大超自然的無比力量，訛稱只要受害人肯付出金錢和肉體，就可以平步青雲，心願得償。受害人糊裏糊塗墮進圈套，最終弄致人財兩失。

　　有些神棍除了騙財騙色之外，為了貪圖更多財富，置受害人的生死於不顧，哄騙受害人服毒，甚至落毒殺人！

🔍 個案透視

陷阱 1：少女誤信與神棍性交可增愛情運

　　任職文員的蘇小姐與男友鬧翻，一名自稱相士的男人聲稱可幫她令關係惡劣的男友回心轉意，方法是與他連續性交七日及讓男友食其恥毛。蘇小姐信以為真，與相士性交三次。其後相士又誘騙蘇小姐連續性交兩次。

　　及後，相士向蘇小姐展示有她脫衣的影片，威脅派大廈及讓她新男友看，再次迫蘇小姐性交三次，及勒索二萬元。

　　最後，蘇小姐在新男友的支持下報警求助。

陷阱 2：茅山師傅騙女模特兒性交轉運

　　女模特兒阿 Miu（化名）因運情平平，透過朋友介紹認識一名茅山師傅，得悉可做有關轉運的法事，但法事涉及口交、性交等行為，須做足九次性交才能轉運。

當做到第九次法事時，阿 Miu 開始質疑其成效，並認為之前八次轉運法事都沒有令她的模特兒生涯出現任何起色，惟茅山師傅堅稱要做足九次才有效。

師傅沒有理會阿 Miu 的疑慮，強行與她性交。最後，阿 Miu 發現懷孕，經團體協助下報警並在同月墮胎，DNA 測試證實經手人是茅山師傅的。

這名茅山師傅最終被判入獄。

陷阱 3：借接財神為名，騙財騙色

神棍羅師傅以各樣神怪伎倆哄騙少女 Judy，短短八個月內奉上近二百萬元，又與神棍性交八次，直至因欠債被迫向家人借錢，才揭發她遭騙財騙色。

事緣，Judy 認識羅師傅多年。一天，羅師傅帶 Judy 到神壇，Judy 照吩咐口含清水，噴向兩張黃紙，當水沾到紙上，便現出 Judy 姓名及一段文字，羅師傅指 Judy 天生智慧，是時候會發達，環遊世界，要準備五萬元做法事讓她成功接得財寶。羅師傅當下吩咐 Judy 不要告訴別人，否則招來大劫，Judy 當日即提取五萬元交予羅師傅。

幾日後，Judy 再到道壇，羅師傅示意她上香，卻有一支無故彎曲。羅師傅表示，是 Judy 靈氣不夠所致，亦令她難以接財寶。Judy 於是照吩咐進貢多六萬元進行儀式。

後來，羅師傅吩咐 Judy 按照玉佛背部的數字抄寫在三張紙上。一周後指 Judy 抄錯，要付四十萬元補救，Judy 於是分兩次付上四十萬元。

其後，羅師傅指 Judy 需要更多靈氣，又指 Judy 缺乏性生活，陽氣不足，要跟他性交。Judy 便跟他性交，前後共八次。

CH. 3 | 街頭神棍騙案

羅師傅又指安排 Judy 到泰國接財寶，將有僧侶迎接，Judy 因此付上四十萬元買袈裟給僧侶；另有以有僧侶撞傷頭，Judy 要買四萬元千年人參及五十萬元醫療費，Judy 又依言付上五十四萬元。

直到一天，Judy 獲告知財寶已打開，但需用廿萬元到泰國及內地設祭壇。Judy 已沒有錢了，惟有向家人借錢，家人聽後頓感震驚，始揭發事件，Judy 在家人陪同下報警。

陷阱 4：藉「假活佛」騙財

騙徒聲稱自己是假活佛，在一個工廈的單位列作「佛堂」之用，廣收弟子入會「傳教」，又向信眾聲稱可「為信徒祈福和消災」。信眾被騙去大量金錢，用來購買聲稱可「去印、美白、返老還童至二十歲」的面膜，以及保健產品。受害人包括內地、台灣和香港人，詐騙金額逾八千萬元！

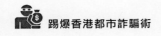

🔍 行騙模式大踢爆

1. 神棍利用人們迷信的心理，訛稱只是付錢做法事或者進行性交增強陽氣，就能達成心願。很多受害人都是透過熟朋友介紹認識神棍的，基於對朋友的信心，受害人對神棍的戒心亦相對減少，結果墮進騙局都懵然不知。

2. 被神棍睇中的獵物一般有以下特質：

· 相信超自然力量、迷信。

· 相信命運，相信一切由上天注定，自己如何努力勤奮都好，若沒有神靈的保佑都是徒然。

· 太著急眼前的得失，害怕失敗，以為失去目前這段感情或某份工作，就等於失去一切，一無所有。為了力挽狂瀾，他們不惜犧牲一切。

· 防騙意識低，容易相信陌生人的說話，對陌生人沒有警覺。

· 一意獨行：作出重大決策之前，也不習慣與家人朋友商討，漠視朋友的忠告。

3. 神棍為了令受害人相信他們法力無邊，會施展連串「魔法幻像」，神奇得令女事主完全相信他，付出金錢及肉體。甚至令受害人以為神棍是「救世主」，能醫百病，不用接受醫生治療，只要付錢給神棍，服食一些所謂的靈藥，就可以得到痊癒。

4. 受害人心靈較空虛寂寞，神棍噓寒問暖的關心攻勢已擊破了受害心內心的冰山，也擾亂了受害人原本理智清晰的頭腦，結果，神棍說甚麼，受害人都依言照辦。

🔑 精明防騙之道

1. 多與人傾訴，不要關閉自己的心窗。鑽牛角尖、作繭自綁都無濟於事，尤其是遇到愛情的煩惱，更應主動與好朋友傾訴。把困苦訴說出來，再聆聽朋友的客觀意見，轉眼間便會發現原來問題沒有你想像中那麼嚴重，原來放手等於放過自己。

2. 時刻保持頭腦清晰，理性地分析事物。

3. 大家切忌輕信用上一大堆「科學名詞」包裝的產品，有疑問時應向衞生署、海關及消費者委員會詢問或投訴。

4. 不要盲目信任陌生人的吹噓。對方提供的醫學或科學數據未必屬實，大家應該詢問醫生。

CH.

4

電訊 / 電話網絡騙案

　　雖然警方已循不同的宣傳途徑介紹騙徒的行騙手法，讓市民提高警覺，但每年的受害人仍然有增無減。就以「電話騙案」為例，單以 2008 和 2009 年首季比較，電話騙案的受害人數由 97 人增至 135 名，損失金錢由 HK$3,098,346 大幅增至 HK$8,218,614。有騙徒在電話裡只叫了一聲「阿媽——」，即輕易騙去一名長者幾十萬「棺財本」！

　　有騙徒又窺準經濟不景的苦況，向事主訛稱中了巨獎，誘使他們先繳付幾十萬保證金 / 稅款；

　　又或者扮闊佬客人，擺下天仙局榨取企業老闆金錢；

　　又或者捕捉人們賺快錢的心理，遊說你投資，結果弄致損手收場！

01
認親認戚靠嚇騙財

　　騙徒假扮受害人的親友致電受害人，訛稱受害人的至親賭輸錢、急病有醫院做手術或者被綁架遭禁錮，需要大量現金救急，要求受害人立即把款項存入或轉賬至騙徒提供的銀行戶口內。

　　騙徒大多數要求事主將款項存入「太空戶口」，然後在境外櫃員機提取款項。當受害人發現被騙時，騙徒已提取所有巨款逃之夭夭了。

🔑 個案透視

陷阱 1：認親認戚黨呃婦八萬

　　黎太接獲一名自稱是她兒子的來電，指在澳門賭輸錢，要她存款四萬元到指定戶口，否則會有性命危險。黎太慌忙四出籌錢，到第二天早上才將款項存妥，但「兒子」又再來電要求再存四萬五千元，黎太仍沒有起疑心，繼續存款給騙徒。

　　直到真正的兒子致電回家，確定沒有到澳門賭錢，黎太始知受騙。

陷阱 2：吃豹子膽，敢當面交收「贖金」

　　有跨境電話騙案集團，利用網絡電話向接聽人士訛稱其親屬因賭錢欠債、當擔保人而遭禁錮，接著找人來港當面與

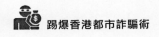

受害人收款，改變以往將「贖金」存入銀行戶口的做法，以減低受害人的疑心。

由於有真人現身，受害人往往不虞有詐，成功率較高，損失金額亦較其他電話騙案高。

陷阱 3：扮大耳窿追收數

一天，唐伯在家中接到陌生男子來電，對方自稱大耳窿，指其兒子因替朋友做擔保人，借了十多萬元貴利，如今朋友「走佬」，所以其兒子必須連本帶利償還廿萬款項。該男子更指已禁錮唐伯的兒子，若唐伯不盡快拿廿萬現款來贖人，其子便有性命危險。

唐伯被對方嚇得不知所措，並根據對方的指示，講出自己的手機號碼；未幾，一名陌生女子致電唐伯手機，指示唐伯立即去銀行提款，並且不准關上手機。唐伯依言一直開手機，在對方遙控「監聽」下，去銀行提款。當提得廿萬現金後，電話中的女子命令他搭的士往上環，並叮囑他不要關掉手機。

當唐伯來到上環時，電話內的女子指示他走近一名男子身旁，然後將錢放入該男子身上的斜揹袋內。

唐伯向電話另一邊的陌生女子表示，款項已放入男子斜揹袋內。陌生女子立即掛線，那陌生男子亦急步逃離現場。

正巧，唐伯的兒子打電話來，唐伯查詢之下始知受騙。

陷阱 4：扮兒子遭禁錮毆打

德叔收到來電，一名近似其兒子聲音的人在電話裡呼喊遭人禁錮毆打。自稱綁匪的人接過電話，訛稱其兒子欠債或

作為借貸擔保人而須負上責任，已被禁錮，如果德叔不代子還債，便會斬手斬腳。

德叔起初有疑心，但近似其兒子聲音的人在電話裡不斷哭喊，亦隱約聽到撞擊的背景聲音，德叔相信兒子真的被禁錮毒打。情急之下，德叔為兒子安全，在騙徒的指示下，將共八十萬元存入騙徒戶口，其後才發覺兒子並未被禁錮，兒子原來是在辦公室工作，於是報警求助。

陷阱 5：猜猜我是誰？

「猜猜我是誰？」是其中一個常見的電話行騙手法，此外訛稱受害人中獎、冒充稅務人員、假扮電訊公司人員指受害人欠電話費等，亦是常見的電話騙人伎倆。

騙徒先搜羅手機用戶的資料，假冒機主朋友，劈頭第一句便恃熟賣熟地問：「估吓我係邊個？」或「猜猜我是誰？」

機主猜測對方身份時，對方即順勢冒認，雙方開始聊天，不久騙徒以「有急事要辦」為由，擇日再致電傾計。

過了幾天，騙徒以這個虛假身份再次致電受害人，接著騙徒訛稱自己出了事，例如詐稱嫖妓被抓，不敢跟家人提起，要求受害人匯錢應急，然後向受害人發出銀行提款卡號碼的短訊，著對方將錢存入銀行。

陷阱 6：利用高科技打「真」電話

居住深圳的香港貨櫃車司機陸先生有一次可怕的經驗！

一天，陸先生接獲顯示為其香港好友的來電，但電話裡說話之人並非其好友，而是一名操普通話男子。

對方自稱是與公安局很熟的人，聲稱他好友阿德前晚在

深圳嫖妓，被公安當場拘捕，將會被判刑，他現在被囚禁接受調查，要求陸先生幫忙籌錢疏通，交付一萬二千元人民幣即可放人，並限定陸先生最遲翌日要存錢到某銀行，並告知賬戶號碼。對方還表示，若不肯付款，朋友便要更難受。

陸先生收到該電話後，起初都懷疑是電話詐騙，即時致電予友人，但電話一直打不通，當晚來電顯示為其友人的手機，又發來一條短訊：「我被關在監獄，快點籌錢救我！一定要！」

陸先生收到手機短訊後，再次致電友人，但電話仍然是打不通。

翌日，陸先生準備一萬二千元人民幣到銀行，最後一次致電友人，但仍是打不通，於是將款項存到指定戶口。

到了第三天，陸先生終於打通友人電話，但其友稱未有因嫖妓被公安拘捕，手機也未離身，只是之前一天整日打不出和接不了電話，陸先生才驚覺受騙，於是報警求助。

🔎 行騙模式大踢爆

1. 騙徒會先如以往般，主要假扮速遞公司，致電予受害人訛稱他寄出違法包裹，當受害人回應無寄過，騙徒就稱受害人身份可能被盜用，勸他盡快報公安。騙徒於是在這環節微調手法，先向受害人提供內地執法部門的官方電話號碼，予以核實，然後騙徒用冒號程式冒充同一號碼，偽裝公安致電受害人，令受害人相信。

當受害人初步「上釣」後，便稱要錄下和受害人的對話，要求他去僻靜地方通電話，令親友難以提醒受害人，對話

中「公安」會據一份金融清查單套取受害人財務資料，包括銀行戶口、基金、物業等，聲稱用作調查。

騙徒之後會再假扮「呼叫」公安總台，訛稱受害人涉及內地的重大經濟犯罪，執法部門已把他列作通緝犯，並發出凍結管制令及刑事拘捕令，稱公安會在短期內拘捕他，亦會令受害人不能提款、買賣資產等，相關文件中，更載有受害人部分資料及相片，藉此嚇怕受害人。據知有關資料和照片都是受害人在內地消費時，遭商店洩露。

受害人的通話最後會轉駁至假扮檢察官的騙徒，裝作同情受害人，稱體諒受害人可能只是身份被盜用，願以官職為他擔保作特快查辦，但要受害人先交保證金至秘密的「安全帳戶」，並誘使受害人在電腦下載程式，實為騙徒遙控受害人電腦的工具，令受害人不知情下，戶口款項被轉至騙徒手中。

2. 電話行騙新手法：

· 騙徒假扮成內地機構（如速遞公司、郵局），致電通知受害人牽涉罪行；

· 提供真公安電話予受害人查證；

· 受害人查證後，騙徒用電話軟件更改來電顯示，假扮公安致電受害人；

· 騙徒要求受害人到安靜地方「錄音備案」，令受害人與外界隔絕，並提供個人資料、金融清單；

· 部分案件受害人會收到「凍結管制令」或「刑事拘捕令」，令受害人驚慌；

· 騙徒會將電話轉駁至假冒檢察官，檢察官會安慰受害人，又稱願意做受害人擔保，搏取信任；

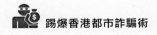

- 假冒檢察官要求受害人將保證金存入內地「安全戶口」，同時用遙控程式入侵受害人電腦，調走受害人資產

3. 騙徒隨意致電，向接電的事主聲稱挾持其欠債子女，恐嚇要還債。

4. 騙徒不准事主掛斷電話，避免對方致電子女確認，要事主按指示將錢存入第三者銀行戶口。

5. 事主將款項存入指定戶口後，騙徒便會立刻掛線，並即時提走所有款項。

6. 騙徒一般以恐嚇手法向事主聲稱已挾持其子女或近親，指他們欠下大筆債務，要求事主立刻代為清還，騙徒又不准事主收線，以免事主有機會向子女求證，拆穿騙局，為人父母的中年人士及長者屬受騙高危一族，犯案的高危時間是上班時間，通常朝九晚五是犯案高峰期，因為這段時間子女全部上班，騙徒最易下手。

7. 由於騙徒不會露面，又會利用第三者登記的銀行戶口作案，加上騙徒以不需事先登記的智能電話卡打電話，增加警方追查困難。

8. 以「陷阱 6」為例，騙徒的詐騙手法如下：匪徒利用複製手機 Sim 卡軟件，複製別人的手機 Sim 卡，將受害者手機訊息、電話簿等個人資料盜取出來，匪徒又會監聽受害者多個電話談話，了解他與來電者身分、關係後，再複製其朋友手機電話 Sim 卡，以其朋友的電話號碼致電給他，再設下圈套行騙。受害人陳先生未能聯絡友人，原因可能是騙徒利用技術堵截友人的通訊，令受害人無法致電友人以辨真偽。有關複製手機 Sim 卡軟件名為「魔卡」，匪徒隨時可購得有關軟件進行電話詐騙。

精明防騙之道

1. 為人父母者，若接獲聲稱子女欠下巨債及遭挾持的恐嚇電話時，應冷靜處理，向對方要求同仔女直接對話，又或者親自再致電給該名子女，核對究竟子女是否真的出了事。如果可以的話，抄低對方的電話，等警方追查。

2. 大家要提防認親認戚的騙徒，接到來電時不要猜想對方是誰，也不要在未確定對方身份的情況下主動說出某位親人的名字，以防對方順勢冒認。

3. 要保持冷靜，不要立刻按照來電者指示行動，按平日聯絡的方法即時聯絡該親人，確定親人是否需要協助。

4. 多提出質疑，如屬騙局，騙徒便會馬上知難而退。

5. 預防電話騙徒緊記「三不要」：

· 不要隨便存錢入陌生人戶口

· 不要輕信來電者的說話

· 不要透露親友姓名

6. 切勿將金錢交出或轉到其他戶口，有懷疑時應立即報警。

7. 如果陌生人以「大耳窿」身份致電來追數，或聲稱你的親人遭禁錮，要第一時間報警求助，不要私人解決。

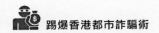

02
騙徒冒充不同身份騙匯款

騙徒分別冒充大陸「公安」、「檢察院」及香港「郵政」人員，向受害人要求匯款，屢屢得手。

🔑 個案透視

陷阱 1：扮同事發電郵求匯款

一間西班牙機器公司的 CEO 公幹時，財務總監收到電郵指有收購行動，要求事主將一千一百萬元歐羅，即港幣約一億元匯到香港一個公司戶口。財務總監遂按指示分九次進行匯款，其後真 CEO 回港後，財務總監與 CEO 對談，始發現受騙，由代表律師在香港報案。

陷阱 2：假扮「中國移動」電訊公司職員來電

一名十八歲的女學生張小姐指，早前接獲一名不明男子自稱「中國移動」電訊公司職員來電，指她的電話號碼涉及刑事案件，電話其後轉駁至一名自稱為內地執法人員的男子，對方要求受害人將三十萬元港幣存入一個內地銀行戶口，以便公安盡快調查事件，還她清白。

張小姐不虞有詐，按指示存款後，與友人談起此時，此知受騙。

陷阱 3：扮速遞公司職員，再轉駁內地公安

受害人蕭先生早前接獲一名陌生男子來電，對方自稱為速遞公司職員，聲稱蕭先生之前寄出的包裹被扣查，可能涉及犯罪活動。蕭先生驚慌之下，追問可以如何解決。

接著，騙徒將電話轉駁至一名自稱為內地執法機關職員的男子，該名男子其後要求蕭先生匯款處理事件。蕭先生不虞有詐，故依指示將約四萬元港幣，並存入一個內地銀行戶口。

其後，蕭先生與同事談起此時，才知受騙，於是報案。

陷阱 4：扮入境處職員，要求即時繳款。

有市民收到民政事務總署查詢熱線號碼 2835 2500 相同的來電，電話中對方自稱是該署職員，指該市民的出入境資料出現問題，要求他提供個人資料及即時繳款以作更正。這位市民很機警，沒有受騙，更把此事放上社交網站，提醒大家警惕。

陷阱 5：恫嚇受害人洗黑錢

財務部經理 Derek 前天接獲自稱「入境處人員」來電，指 Derek 牽涉洗黑錢的刑事案件，按指示致電自稱「上海公安」的男子。Derek 對此深信不疑，之後慘變「人肉提款機」，約半個月內按對方要求匯款至內地一銀行戶口超過 20 次，總共匯了約 890 萬港元。

🔍 行騙模式大踢爆

1. 電郵騙案騙徒會長期監察商業機構目標人物的電郵來往，趁目標人士離境時下手，發出模仿其溝通方式、用語的電郵，要求轉賬大額款項，使公司同事不虞有詐。騙徒趁目標人士離境時下手，使同事未能聯絡上司，又因怕失去生意，令騙徒得手。

2. 曾有公司收到騙徒一個假冒電郵，該電郵只是其中兩個英文字母調轉，公司負責人誤以為是生意夥伴，將六百萬港幣貨款存入本地銀行帳戶，幸存款不久發現受騙報警，經警方成功聯絡有關銀行，阻截這筆騙款。

3. 騙徒會告訴目標的護照和信用卡被冒用，或已捲入洗錢等跨國案件，之後把電話「轉接」到中國「公安機關」。騙徒之後會扮成公安，威逼利誘目標按指引登上假冒的政府網站。受害人會看到寫有自己名字、蓋了鮮紅政府印章的「通緝令」，務求把受害人嚇得魂飛魄散。騙徒最終會要求目標向指定的帳戶匯款，以解決問題，而匯款地址通常是外匯管制寬鬆的香港。有時，騙徒會要求受害人購買比特幣或換匯。

4. 騙徒經過精心計劃，有針對性地在上午致電受害者，由於上午其他家庭成員需要上班或上學，只有家庭主婦在家，故受害者通常以家庭主婦為主。騙徒看中家庭主婦上午獨自在家，難以即時向其他人求助。騙徒經過精心計劃，有針對性地在上午致電受害者，所以他們不會夜晚八、九點，全家人都在家的時候致電。

   騙徒最初扮受害人家人有事，受害人以父母、老人家為

主，因為他們掌握資訊不多，救人心切，容易受騙。但近年興起網購，及中港氣氛轉差，令騙徒可以擴闊目標群組，漸漸湧現冒充速遞公司、權威機構的電話，針對不同人的弱點，致電騙財。

精明防騙之道

1. 如收到電郵自稱公司高層，以不同理由要求轉帳，應該主動查證並再三向相關人員核實對方身分。切勿將公司款項轉帳至未經核實的戶口。

2. 公司應預先訂立關於核實身分及轉帳的指引，並向員工或生意伙伴發布，以及定期檢討有關機制。

3. 公司應設立多層批核機制，訂明各層人員的工序，以核實收款者身分及匯款的真正用途。

4. 一旦有陌生人要求轉帳、網購、換匯，定必要保持清醒，切勿跳入圈套。如遇緊急情況，可致電報警。

5. 如市民接獲自稱任何各地的政府部門人員來電，以不同理由指示市民交出金錢，或將金錢匯款或轉賬到不明的銀行戶口時，應主動查證及再三核實來電者的身份，切勿輕信他人。

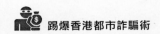

03
網上購買口罩騙案

　　新冠肺炎導致一罩難求，很多人也避免出街。所以，不少人嘗試在網上購買口罩。然而，有不騙徒就趁此機會騙錢，受害人在網購口罩的時候，遇到匯錢後消失，或者貨不對辦等情況。

🔍 個案透視

陷阱 1：智能櫃口罩騙案

　　一名受害人陳小姐指，早前向騙徒購入口罩，先入數到對方戶口，對方其後將包裹寄到順豐智能櫃。陳小姐收到取貨號後，花了 $30 打開智能櫃，卻發現入面只有一個紙袋。沒有口罩之餘，還有一張「Thanks」字條。陳小姐驚覺受騙，於是報警求助。

陷阱 2：受害人上門取貨揭假地址

　　受害人黃先生於 Facebook 專頁看到口罩廣告，不但價錢合理、更能十天內到工業大廈取貨，於是在專頁上訂購口罩。付款後等了十天都未收到對方的通知，亦未能聯絡上賣家，便直接往賣家的工業大廈取貨時，才發現是假地址，懷疑自己受騙，於是報警求助。

陷阱 3：付款後遲遲未能取貨

　　有一批市民於網上預訂口罩後，該公司稱因職員出現肺

炎病徵，公司需即時關閉及完全停運 14 天以作消毒清潔，全體員工亦需隔離，口罩取貨日亦要延遲取貨。之後與賣家失去聯絡，懷疑自己受騙，於是報警求助。

🔎 行騙模式大踢爆

1. 騙徒會先要求買家透過銀行轉帳，把款項存入指定戶口，聲稱到貨後會通知買家取貨。惟轉帳後買家無法聯絡上負責人及收到貨品。

2. 騙徒會利用 Prepaid SIM 卡開啟帳戶，上載「貨品」到拍賣平台進行交易；在跟買家取得聯絡後，一般都會要求以順豐、郵寄方式交收貨品，並以 PayMe、支付寶一類電子錢包，或者以入帳方式收取款項，然後到需要發送貨件時候以各種藉口拖延，在成功收取款項後，就會取消帳戶或者封鎖買家。

🔎 精明防騙之道

1. 網上購物時，應先瞭解對方的可信性及核實對方身份。
2. 應盡可能透過有身份認證的網上交易系統進行交易，以減低受騙的風險。
3. 買賣雙方可查閱對方的過往交易紀錄、信譽評級和交易評價等才決定提出買賣。
4. 透過可信賴的中介平台進行交易。
5. 市民在網上購物時，應堅持當面交收，並在繳費前清楚檢查貨品。
6. 如懷疑對方身份，便應立即停止交易及向警方報案。

CH. 5 金融騙案

　　一時大意，忽略了生活上一些細節，隨時都會墮進騙徒的圈套！

　　你可曾想過，信用卡沒有遺失，賊人都有本事從你的信用卡戶口中大量透支？

　　你可曾想過，從沒有向其他人透露你的 EPS 密碼，但賊人一樣有本事假扮你的身份向銀行補領新卡繼而大量提款和購物？

　　你甚至造夢也想不到，櫃員機已經不再安全，因為有櫃員機已被賊人裝上讀卡器／攝錄機，你的私隱早已蕩然無存。

　　網上銀行更是危機重重，處處充斥著病毒、間諜程式、假網站、假電郵，偶一不慎，即可招致嚴重損失。

01
扮鬼扮馬，千方百計哄你講出信用卡資料 / EPS 密碼

　　盜卡集團假扮速遞員送包裹上門套取事主身份證資料，接著，冒充卡主向銀行報失信用卡，再盜取事主信箱，領取新卡及密碼，再透過櫃員機從其信用卡戶口大量透支，直至事主收到月結單時始揭發事件。

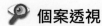 **個案透視**

陷阱 1：送假包裹騙取信用卡資料

　　嚴小姐在家中簽收一名自稱速遞員的男子送來的包裹時，對方要求嚴小姐出示身份證以領取包裹，嚴小姐不虞有詐，將證件交予對方短暫查看。

　　當時嚴小姐挨著門口掛著傾電話，沒有細心留意速遞員。原來該名速遞員並沒穿上制服，也沒向嚴小姐出示過工作證件。

　　直至某日，嚴小姐發現信用卡戶口被人多次透支款項，向銀行查詢後發現有人用她的信用卡透支二千元，她當時並沒報失過信用卡，只是報警求助。

　　一周後，嚴小姐再次發現自己的信用卡繼續被人透支，金額再多三千元，嚴小姐才致電信用卡中心求助。

陷阱 2：市民流動街檔，被要求刷卡付款

Louis 有天逛街，見到街上有流動攤檔人士正在兜售上網服務，剛巧 Louis 正考慮轉台，於是上前詢問了一些詳情。對方表示可用易辦事付款，Louis 不虞有詐，決定光顧，並按對方要求刷卡及輸入密碼作確認。

對方用刷卡機刷卡後，並給回事主打印的收據，Louis 沒有起疑心，但其後查帳卻發現該項交易未有在銀行的帳目中顯示。

Louis 重回舊地尋找該流動攤檔職員查詢，發現對方已不知所終。其後，Louis 致電該品牌的公司了解，得悉流動街邊檔沒有電話線，不可能做到過數，所以職員唔會帶卡機做推銷。而流動攤檔一般只向顧客推銷服務，包括遊說顧客簽約，但不會要客人即時付款。

Louis 擔心對方是騙徒，估計攤檔騙徒目的是想盜取他提款卡上的資料及密碼，而騙徒所使用的易辦事刷卡機，可能是盜取卡資料的讀卡機，於是報警求助。

陷阱 3：假扮銀行職員，哄你說出卡密碼

在銀行申請提款卡，銀行慣常做法是會於翌日以郵寄方式先將提款卡密碼按地址寄給申請人，然後再以另一封信將提款卡寄出，申請人在取得卡和密碼後，再經電話確認便可正式使用該卡。

在這個簡單的申領提款卡過程中，竟是郭小姐惡夢的開始！

事緣銀行的提款卡已寄到郭小姐所住所大廈的信箱，但信件當日即被賊人偷去，賊人在查得郭小姐電話號碼後，由

一名女同黨致電給她，並訛稱是發卡銀行職員，表示郭小姐剛申請的提款卡，必須進行確認身份程序方可發卡，郭小姐不虞有詐，結果被騙說出之前銀行寄給她的密碼，以及身份證號碼和生出日期等個人資料。

騙徒在取得密碼後，即利用偷得的提款卡在櫃員機提款，但由於櫃員機每日提款上限只有一萬元，騙徒又利用該卡四出以「易辦事」（EPS）方式購物。

郭小姐一直沒有收到銀行寄出的新卡，感到疑惑，於是親自前往銀行查詢，銀行職員翻查資料發覺已將提款卡及密碼寄出，並查得有人已利用該卡大量提款和購物，郭小姐才發覺受騙。

🔍 行騙模式大踢爆

1. 騙徒假扮郵差、警員及速遞公司人員上門騙取個人資料，不法之徒利用市民粗心大意、不注重個人私隱的弱點乘虛而入騙取個人資料。

2. 由於客戶一般都希望在失卡後盡快獲補發新卡，故很多銀行做法是透過電話核對客戶個人資料無誤後，便以郵寄方式補發新卡。騙徒盜取事主的個人資料後，冒充事主身份申領新卡，接著再偷走事主的信件，利用新卡大量購物或透支現金。

3. 盜卡騙款過程如下：

Step 1：騙徒先從信箱盜取事主的信用卡信件資料，然後冒充速遞員（或其他身份）送包裹上門，登門要求事主出示身份證領取包裹，乘機套取身份證資料；但包裹只是不值一文的物品，也無回郵地址。

Step 2：事主沒有報失信用卡，但被人用信用卡在全港不同地方的櫃員機多次透支提款。原來騙徒利用事主的個人資料，致電銀行訛稱信用卡失掉，要求銀行寄上新卡及新密碼。騙徒再盜取事主信箱的郵件，用新卡從櫃員機透支提款。

Step 3：事主從月結單發現信用卡被人多次透支提款，疑被騙徒盜去，致電報警。

4. 由於客戶一般都希望在失卡後盡快獲補發新卡，故很多銀行做法是透過電話核對客戶個人資料無誤後，便以郵寄方式補發新卡。騙徒就是利用這個漏洞，輕易盜取事主的信用卡信件。

5. 騙徒的犯案過程：

Step 1：女事主到銀行申請提款卡；

Step 2：銀行將提款卡密碼寄給女事主；

Step 3：銀行再將提款卡寄給女事主；

Step 4：提款卡寄到女事主所住之大廈，賊人在信箱偷去提款卡，再致電女事主騙她說出提款卡的密碼和個人資料

Step 5：騙徒取得密碼後，立即利用偷來的提款卡在櫃員機提款及使用 EPS 瘋狂購物；

Step 6：女事主到銀行查詢時才發現戶口金錢早已被人盜用。

6. 賊人還有另一個方法偷取提款卡及密碼，就是市民使用 EPS（易辦事）付款時，不法分子將你的提款卡「擦」在專用來盜取卡資料的「讀卡機」上，並用利針孔攝錄機拍下你按密碼過程。因此，如果你第一次輸入密碼不能完成交易時，就要特別小心了。

🔑 精明防騙之道

1. 速遞員將包裹或文件送予指定地點的收件人，不會要求收件人出示身份證，更加不會把收件人的身份證資料登記下來。

2. 本港有各類型的速遞公司，有些是僅負責做公司方面的派遞，當送包裹或文件予指定公司，速遞員只會要求公司職員蓋公司印作簽收，並不需收件人出示身份證。

3. 至於當速遞公司將包裹或文件送予私人住宅時，由於委託人在交付包裹或文件時均會被要求留下收件人的聯絡電話，包括家居電話或手提電話，速遞公司事前會以電話聯絡收件人，相約上門的時間，及至在樓下準備將包裹或文件送上指定地址時，速遞員又會再用電話聯絡收件人。速遞公司就是透過這個程序防止派錯地址或誤派收件人，因此，速遞員根本毋須向收件人索閱身份證。

4. 錯誤派發的機會十分低，若開門者承認是收件人，速遞員再確認地址正確，便會將包裹或文件交到對方手上，一般不會要求收件人出示身份證。

5. 具規模的公司速遞員都會穿制服，且能出示公司證件，內附查詢電話，收件人有懷疑時可直接致電該公司查問。

6. 一旦遺失信用卡，應立刻報警及通知信用卡中心報失。

7. 拆閱信用卡信件，特別是印有信用卡密碼的信件，看畢後應即時毀滅有關信件，避免被不法份子利用。

8. 當陌生人登門要求登記信用卡或身份證資料，可向對方索閱工作證。不要在公眾地方隨便說出自己的身份證號碼、

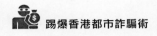

提款卡或信用卡密碼等重要個人資料。

9. 以「陷阱2」為例，易辦事公司曾發出聲明澄清，「易辦事」並沒有任何流動性的終端機，強調該公司只會為固定店舖及有商業登記的東主提供服務，不會為街頭流動商提供易辦事服務。所有設有「易辦事」服務的商鋪，都會在當眼處貼上「易辦事」的標誌。

10. 市民每當發現街頭有流動宣傳推銷，就要提高警覺。尤其在公眾地方，要擦卡付款及輸入密碼就更應留神。留意「易辦事」收條上的資料，包括銀碼是否正確、該項交易是否成功或已被確認。

11. 在銀行申請提款卡，銀行慣常做法是會於翌日以郵寄方式先將提款卡密碼按地址寄給申請人，然後再以另一封信將提款卡寄出，申請人在取得卡和密碼後，再經電話確認便可正式使用該卡。但職員絕不會在電話中要求申請人讀出密碼，大家要提高警惕！

12. 切勿向其他人透露密碼，包括自稱銀行職員或警務人員的來電者。

02
櫃員機被裝讀卡器／攝錄機銀行存款不翼而飛

本港曾發現多宗銀行存款離奇失蹤案，案中的受害人均在沒有失卡的情況下，銀行戶口現金不翼而飛，估計有犯罪集團在自動櫃員機裝設針孔攝錄機或讀卡機，在卡主機上偷偷讀取卡中資料，然後複製假卡提款。

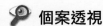 **個案透視**

陷阱 1：打簿時始發現存款離奇失蹤

家住沙田的莊先生到附近一間銀行存入七千元，職員存款後把存摺交還莊先生，他核對金額時竟發現自月初起，戶口內四萬九千元積蓄，離奇遭人分十次透過櫃員機提走，慌忙向職員查詢和報警。

陷阱 2：輸入密碼提款時遭偷窺

羅先生發現接連三日被人提取存款，每日提走一萬，由於提款機附近有一條行人天橋，他懷疑歹徒匿藏在天橋附近窺探他輸入密碼和提款的過程。

陷阱 3：提款時始發現幾萬元存款離奇被盜

一天，黃先生到櫃員機打算提取五千元家用，豈料螢幕

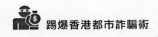

顯示他已沒有存款，不能再提錢，黃先生頓感晴天霹靂，他愈想愈不對勁，明明戶口尚餘三萬元存款，怎會無故不翼而飛？

黃先生一夜難眠，翌日，立即奔到銀行查詢，經追查始發現戶口在境外分兩次被提走。

🔍 行騙模式大踢爆

1. 賊人偷取提款卡及密碼的其中一種方法，就是在櫃員機的插卡槽偷偷裝上特製儀器，當你將卡插入去時，卡上所有資料即時被複製，而密碼則透過櫃員機頂部的針孔攝錄機偷取。

2. 對於需要用戶「擦卡」才能進入的櫃員機中心，更是犯罪集團尋找獵物的好地方！

   賊人偷取提款卡及密碼的方法，就是將「讀卡機」安裝在需要「擦卡」才能進入提款機範圍的門口，當你用提款卡「擦」進去時，你卡上所有資料已被套取，而密碼則在你提款時被針孔機拍下，或被人暗中偷窺。

3. 有時賊人又會訛稱自己提款卡失靈，問你借卡該門口，當你不為意時，賊人已將你的卡「擦」在迷你型的「讀卡機」上。

🔍 精明防騙之道

以下是使用櫃員機的安全貼士：

1. 小心保管提款卡、信用卡及有關密碼。
2. 不要將密碼寫在紙上，並放在銀包內。

3. 時刻提高警覺，按鍵時用手及衣服遮掩，以免被人偷窺到密碼。

4. 切勿向其他人透露密碼，包括自稱銀行職員或警務人員的來電者。

5. 留意櫃員機四周有沒有可疑裝置。

6. 勿以個人資料來設定易記的密碼，如出生日期、身份證號碼或電話號碼。

7. 定期留意戶口的存款和交易記錄。

03
假銀行‧真騙徒

互聯網絡上的騙徒無處不在，手法無所不用其極，騙徒不惜偽造設計像真度極高的假網站、假電郵，甚至用間諜程式入侵第三者電腦，目的都只有一個，就是套取客戶信用卡密碼，成功盜取用戶的登入資料後，日後就可大肆盜用受害人的金錢。

🔍 個案透視

陷阱 1：虛假網站以假亂真

某銀行的個人理財網站被不法集團以相似的網名冒充，偽造了一個設計像真度極高的假網站，企圖誘騙客戶登入，套取其用戶名稱及密碼資料，再詐騙圖利。歹徒行騙的行徑，是藉客戶登入時讀取其個人資料，再利用有關資料進行網上交易或資金調動。

陷阱 2：冒銀行之名發放附有超連結的問題電郵

騙徒發電郵給銀行客戶，並以諸般的理由，例如懷疑客戶的資料被盜用，要求客戶立刻登入其網上帳戶，以便銀行確認一些可疑的交易。騙徒通常會預先製作一封看似銀行發出的電郵，在電郵上放上一個超連結。

超連結經點擊後，便把用戶帶到一個假冒的登入網頁。這網頁看來與真的網頁一模一樣，唯一的不同可能只是其網

頁地址，與真的有一點不同，例如多了兩個英文字母。

若用戶上當登入，他們通常會看到騙徒事先準備的「銀行通告」，騙徒會再以電腦程式，自動將用戶轉到真實的銀行網頁。

用戶看到真實的網頁，便相信電郵是由銀行所發出。實際上騙徒已成功盜取了用戶的登入資料，以便日後盜用受害人的金錢。

陷阱 3：利用間諜程式盜取用戶密碼

時下流行的網上理財服務，令小至查詢銀行戶口結餘，大至數百萬元的個人投資交易，均可在數十秒內在互聯網上交易完畢。用戶只需在銀行的登入網頁內，輸入用戶編號及密碼，便可在網上靈活理財。有些騙徒便以解碼技術，趁用戶不注意時，從網絡獲得用戶的 I P 地址，再以電腦間諜程式，盜取用戶的銀行網上登入編號及密碼。騙徒透過這三項資料，來冒認個別用戶，登入其銀行戶口，作多項的轉賬。當然接收轉賬的一方，是騙徒設下的戶口或機構。

陷阱 4：以更新資料為名，要求輸入姓名及信用卡號碼

騙案的手法是騙徒假借某銀行名義，向該銀行客戶及其他市民發放虛假電子郵件，指稱由於銀行需要更新資料，要求客戶登上一個偽造網站，登記其姓名及信用卡號碼，網站亦同時提供到該銀行網站的聯繫，伺機行騙，令使用者防不勝防。

陷阱 5：招攬客戶存款入虛假銀行

曾有一名騙徒在互聯網刊登廣告，招攬香港客戶存款到

澳洲一間銀行，聲稱可賺取高達十一厘年息。

最後，金管局揭發事件，指該銀行並沒有在金管局註冊，最終那名騙徒承認未經授權發出存款廣告，被判罰款，成為香港首宗定罪判罰的網上銀行騙案。

行騙模式大踢爆

1. 歹徒行騙的行徑，是藉客戶登入時讀取其個人資料，再利用有關資料進行網上交易或資金調動。
2. 虛假的「網上銀行」在網頁所載的聯絡辦事處地址都是假的，大廈內並沒有這家銀行的辦事處。有些騙徒在網頁上留下的地址資料不夠詳細，用戶根本無法找到該辦事處。
3. 市民若登上假冒網站，並打入個人資料，無論是否能成功登入，不法集團已可讀取其用戶名稱及密碼，然後利用這些資料進入真正的銀行網址，進行投資交易及轉帳，從而成功詐騙。

精明防騙之道

1. 切勿使用公用電腦（例如公共圖書館）登入網上銀行的網站。
2. 登入網上銀行前，應先關閉所有瀏覽器視窗，以免其他網站非法取得你的個人資料。
3. 在每次使用網上銀行服務後，應立即登出服務。
4. 採用安全的密碼作為你的個人識別碼，密碼須：
- 有別於你的用戶名稱；
- 容易被你記住；

- 難被其他人猜中；及
- 由最少 6 個字母及數字所組成。

5. 要審慎處理個人資料及仔細辨別真假網址。

6. 不要隨便開啟來歷不明並載有附件的電郵，切勿透過附載於電郵內的超連結，連接至電子銀行網站，客戶應直接採用銀行的官方網址進入網頁。

7. 每次應在瀏覽器上輸入網址或將真正的網址記錄在電腦的書籤內，藉此連結至你的銀行戶口。

8. 核實電子銀行網站的真偽，必須肯定域名的真確性，並確定該網站具有效的數碼證書。

9. 切勿將網上銀行所用的登入姓名或密碼，用於其他網上的服務，如電郵或接駁互聯網。

10. 必須定期更改你的密碼。

11. 不要隨便向其他人，尤其是陌生人透露自己的網上銀行資料，包括身份證號碼、地址、銀行戶口或信用卡號碼。

12. 不要把密碼用紙記錄下來，若懷疑密碼已被洩露，應立即聯絡你的銀行。

13. 銀行絕不會透過電郵要求大家透露個人的密碼。

14. 市民要小心，若使用者發現網站跟平日有不同，即使有少少的分別，也應立即致電向銀行查詢。

15. 切勿在網上隨便透露個人資料，如身份證號碼、地址、銀行戶口和信用卡號碼。

16. 曾有一間沒有美國銀行牌照的銀行，在網站自稱在香港、紐約及倫敦設有辦事處，並謂可提供多項銀行及投資服務，鼓勵港人網上開戶。金管局指該銀行在港亦無註冊，所列的香港地址也是虛構，因此呼籲市民小心受騙。只有

受《銀行業條例》規管的認可機構才可以在香港經營銀行業務或接受存款業務，未被認可的機構只要聲稱可接受香港存款，已屬違法。市民對網上的銀行真偽如有懷疑，應向金管局查詢，以便了解某銀行是否本港認可接受公眾存款的機構。

15. 好好保護你的電腦，方法如下：

· 安裝附有防病毒、間諜防護及個人防火牆功能的保安軟件，並定時更新病毒資料。

· 在登入網上銀行的同時，不要進行下載任何免費軟件的工作。

· 不應共用電腦：如必須共用，應設定好你的個人密碼以防止他人使用你的電腦帳戶。

16. 定期查閱銀行戶口結餘及交易紀錄。如發現任何錯漏或未經授權的交易，請立即通知你的銀行。

17. 若發現電郵中附有 .exe、.pif、或 .vbs 等常被用作病毒的檔案類別，切勿打開。

18. 銀行及警方絕不會要求你透露密碼或透過電郵索取有關資料。如收到透露密碼的要求，應立即聯絡銀行。

04
千方百計誘騙受害人簽署
投資文件及授權書！

捉人心理，千方百計博取對方信任，再促授權投資！

🔑 個案透視

陷阱 1：假稱有內幕消息，又或佯稱高回報、低風險！

有騙徒會透過隨機電話接觸受害人，假稱有內幕消息，如早前就指北韓頻射導彈、即將開戰等，吹噓金價必升，誘騙受害人簽署投資文件及授權書，代為進行交易。

有騙徒則透過電話或街頭問卷調查進行對環球經濟或投資市場的意見調查，但實際是想取得受害人的聯絡方法，再以倫敦金經紀身份致電對方，並以具知名度人士代言等作招徠，誘騙簽署倫敦金投資文件及授權書，惟因不清楚文件內容，又或被哄騙投資高回報、低風險，受害人最終因高風險的孖展投資而被鎖倉及損失所有資本。

陷阱 2：捉心理，騙取一顆寂寞的心

有騙徒則在社交媒體平台或交友軟件，以俊男美女照片及甜言蜜語等博取對方信任後，再促授權投資，又或「扮乖仔乖女」致電長者噓寒問暖扮關懷，相約飲茶時則以「跑數」、否則被裁員或不能升職等藉口，哄騙長者簽授權書投

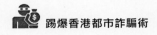

資倫敦金。案中的八旬受害人，就被一名年青男經紀所騙，兩年內被騙超 5 億元！

陷阱 3：捕捉受害人的貪念，製造富貴假象！

指倫敦金投資可賺取高回報，並以光鮮外表及名貴行頭示人，如以名車代步等，製造富貴假象。

陷阱 4：睇中受害人弱點

騙徒連智障的人士都不放過！

一天，一名食客在餐廳目睹一位男士不斷向一名女士推銷貴金屬買賣，而該名女士的行為和對答表現，令人懷疑她是智障人士。正當男子強行捉著女事主右手、搭其膊頭及輕拍其背，要她簽下買賣一些文件時，這名熱心的食客馬上拍片及報警。最終，經調查後，該名男子證實是環球金業的男客戶經理，他當時正在要求女事主簽署買賣合約和授權書。客戶經理最終被裁定作出具威嚇性營銷行為罪成，亦是首宗涉智障人士及金融服務被定罪的案件。

🔍 行騙模式大踢爆

1. 受害人參與倫敦金投資後，起初是顯示有錢賺的，但當受害人欲取回本金時反被游說增加投資，最終血本無歸。

   有騙徒獲授權操控受害人投資戶口後，便進行頻繁交易，以賺取高昂佣金及過夜利息，令受害人虧蝕所有資金。

   由於騙徒每次買或賣都可以收取三十至五十美元佣金，他們或平均每日做四十次交易，最多達七十至八十次，有的更衍生過夜利息，有個案一星期就輸晒所有錢！

騙徒還會不斷改變犯案手法，以不同的黃金投資產品作為掩飾，例如：人民幣公斤條合約、紙黃金、金條 / 實金、九九金合約、港元公斤條合約、倫敦金等，引誘受害人投資。

2. 其實，騙徒是有詳盡的劇本和計劃，如何應對及一步步誘使苦主入局。

   騙徒設立投資公司，訓練一批年青男子當交易經紀，透過 cold call、通訊軟件如 WeChat，交友軟件 Tinker 等，假稱進行問卷調查或訪問等，接觸受害人，指倫敦金投資可賺取高回報，並以光鮮外表及名貴行頭示人，如以名車代步等，製造富貴假象。騙徒有詳盡的劇本和計劃，如何應對及一步步誘使苦主入局。與苦主建立關係後，騙徒會誘騙苦主簽訂授權合約，有人到辦公室，也有人透過電子簽約，授權經紀代為買賣，受害人把款項存入公司甚至個人戶口，讓經紀全權操作，為了放長線釣大魚，騙徒在開始的時候會讓苦主獲微利。初期贏小錢，騙徒乘機要求苦主加碼，騙徒亦不時關心苦主，搏取信任，其後，經紀即不停告知受害人投資虧蝕輸清光，游說加碼搏回本，部份款項用作高頻交易，收取高昂的佣金和過夜利息，部份則根本沒有進行交易。

🔑 精明防騙之道

1. 敦金牽涉孖展及複雜的投資項目，投資前宜先了解風險及公司背景，詢問家人及專業人士意見。投資不能單憑一個「信」字，要做好功課，並要提防網上所謂的投資專家，

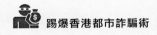

不要輕信他們所提供的投資貼士。

2. 其實買賣倫敦金不一定要做委託授權。如有經紀游說你做委託授權，就一定要考慮清楚是否有此需要和明白授權內容，衡量風險。另外，投資者亦不應向第三者透露網上交易用戶名稱及密碼。

3. 除了倫敦金，騙徒亦可以假借投資其他貴金屬的名義，例如人民幣公斤條合約、九九金合約、港元公斤條合約和紙黃金等，進行行騙。

4. 如發現有可疑或未經授權交易應盡快查詢，要致電警方的防騙易熱線 18222 查詢及求助。

05
千方百計、各種理由騙你匯款

捉人心理，千方百計博取對方信任，再促授權投資！

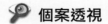 個案透視

陷阱 1：網戀男友看準中女內心寂寞的弱點

騙徒扮駐海外軍人、專業人士、工程師等，與女事主談戀愛，其後以不同理由要女事主匯款接濟。

曾有一名女子在網上認識一名聲稱自己是「哈里王子」，女士深信不疑，兩人持續在網上談情，直至某天，該女士看到王子訂婚的報道，但愛人不是自己，她追問王子為何不與她訂婚。「哈里王子」還說，其實都想與該女子結婚，但如果與她「梅根」悔婚，要付「掟煲費」。該名港女戀愛大過天，竟然付了幾萬元。

又有一名中年女士到銀行，聲稱要匯款二十多萬元給海外男友，櫃位職員循例詢問對方資料，一問之下原來該名「男友」是一名在土耳其駐守的美軍，女事主在網上結識，但從未見面。職員想起網上情騙的宣傳，隨即透過防騙熱線通知警方，警方馬上調配警區應變小組警員到場，阻止女事主匯款。惟女事主最初仍對「美軍男友」深信不疑，警員向她勸

說了一個早上，終令女事主信服停止匯款。

陷阱 2：聲稱要把遺產解凍，或保險箱被勢，要網戀女友救命！

有騙徒與受害人進行網戀，騙徒自稱為船員，向受害人聲稱自己的船被海盜騎劫，於危急關頭下將一個保險箱寄出給受害人，但被扣關需要受害人匯款取回。受害人不虞有詐，按「男友」指示進行匯款二十多次，一共付了五十多萬。最後，受害人在朋友的勸喻下，終於相信自己受騙，並報警處理。

另有一名中女 Peggy，於社交平台認識一名馬來西亞華僑、任職石油公司「財務分析師」，「男友」一句「我會娶你」，令 Peggy 心迷意亂，旋即與對方到達談婚論嫁的階段。對方其後聲稱將會繼承一筆七千多萬的家族遺產及生意，但被凍結而需要繳交行政費。Peggy 為證虛實，曾飛往當地約見「情人」，騙徒則假扮成該名「情人」的朋友，向 Peggy 訛稱該網友現時沒空。期間騙徒向 Peggy 展示自己的資產，如拿出一大疊外幣等，令受害人誤信「情人」本身已很有錢，不用欺騙他人金錢。Peggy 為了「未婚夫」，兩年來將二百萬分別存入共五十個本地及海外戶口，當千金盡散後更挪用代弟弟管理的公司資金轉給對方。最後 Peggy 走投無路，與弟弟及家人商量後終醒覺報警。

另一名受害人是 48 歲港女 Ada，騙徒自稱是在阿富汗駐守的五十歲美軍，每日向 Ada 噓寒問暖，還會說很多甜言蜜語，在相識的第三日就說想來香港見面，但要 Ada 匯款予軍隊找人代替他的職務。他指示 Ada 匯款 4000 美金

去一個泰國戶口，聲稱是美軍亞洲總部。「熱戀中」的 Ada 不虞有詐，按指示把金錢匯入戶口。「美軍男友」收錢後消失得無影無蹤。

陷阱 3：連環中計，一被七次被假的交友帳戶騙款。

女受害人被欺騙金錢和感情，非常可憐！Tiffany 的個案更不堪，她在短短五個月內被七個假的交友帳戶騙款，事緣她被三個網上男友欺騙了匯款，男友失蹤後，Tiffany 把自己的遭遇向另外四個網友傾訴。這四名網友均自稱為調查員，聲稱可以替 Tiffany 出頭，追回款項，只要 Tiffany 匯款給他們辦事即可。結果，Tiffany 再度上當，按指示一一匯款，這次總共匯款十八次，損失達二百四十萬元。

陷阱 4：貼心服務，教你講大話。

一名女大學生李小姐收到一名男子來電，對方自稱為入境處職員，指李小姐於內地有一個交通銀行戶口牽涉詐騙，但李小姐稱自己沒有內地銀行戶口，男子其後吩咐李小姐回內地開設戶口證明清白。當李小姐稱沒有錢時，對方教唆李小姐以到英國留學為名向家人拿錢。李小姐竟然一一照辦，一共匯款港幣九萬元至該內地銀行戶口，其後發現有關款項被轉走，才驚惜自己受騙。

🔍 行騙模式大踢爆

1. 美國駐外海軍官，是網戀騙徒最常用的身份。網戀騙案中騙徒常見扮駐海外軍人、專業人士、工程師等，特點為自稱經常要四處奔波、居無定所，其後以不同理由包括有重

要包裹、嫁妝要寄給受害人，繼至聲稱物品被扣關要受害人繳付行政費，最後往往會「打蛇隨棍上」要求更多金錢，大多受害人於錯信第一次後，均會因希望能取回最初失去的金錢更繼續上當。

2. 由於白領麗人經濟能力較高，亦能以英語溝通，詐騙集團會用漁翁撒網方式，尋找東南亞地方包括香港、南韓、台灣、日本、越南及馬來西亞白領，用美男照、優良的英語對答，以及甜言蜜語攻勢，與受害人建立情侶關係，過程可能長達一個月甚至一年，令受害人放下戒心，「放長線釣大魚」。

   曾有騙徒以英語哄騙一名任教師受害人，稱在多國擁有公司，又會送上小禮物。騙徒博取受害人歡心後，以各種藉口包括禮物被海關或速遞公司扣起，誘騙事主借錢或匯款到馬國或海外銀行戶口。

3. 網上情緣騙案，當中九成受害者均為女性，八成年齡介乎三十一至五十八歲。騙徒是看準人性弱點，很多時只要一些噓寒問暖就令受害人「沉淪咗落去」，即使聽到家人或警方的勸告，仍會傾向不願醒覺。

4. 騙徒大部分為接收匯款的銀行戶口持有人，其中有發現案中案，疑犯為另一宗網戀騙案受害人，因騙徒稱方便於海外做生意而不慎向對方交出戶口，結果戶口被用作收取騙款。

5. 多數受害人相信有騙案，但不相信自己就是受害人，並認為自己那個是真愛，別人那個才是騙子。網上情緣針對人的弱點，有些受害人根本不想醒，一醒了就失去了些關係。

6. 網上情緣騙案即使揭破,有不少受害人仍不肯報警,竟然堅信「別人是被騙,自己那個是真愛」。

7. 騙徒與女受害人談戀愛,若受害人想證虛實,飛去當地會「情郎」,騙徒都會假扮成該名「情人」的朋友,向受害人訛稱該網友現時沒空。期間騙徒會向受害人展示資產,如拿出一大疊外幣等,令受害人誤信「情人」是富商,「錢多到數唔哂」,無必要騙取他人金錢。最終女受害人回港後,騙徒會以財產被速遞公司扣起,游說受害人付行政費解決。

🔑 精明防騙之道

1. 很多時受害人未必發現自己受騙,而是親人、朋友揭發。警方建議如身邊有親友突然要定時上網、出現財政困難如借錢、賣樓等,或需提點他們。市民如有懷疑,可致電 18222 查詢意見。

2. 網上情緣騙案其實很容易可以求證真偽,若果對方不肯做視象對話,通常都有可疑,但有些受害人不敢拆穿騙局,更希望透過匯款以維持與騙徒的關係,以致這類騙案繼續存在。

3. 市民接受這種交友邀請時先「起底」,在網上搜尋照片來源。另外,騙徒向受害人提供的匯款單據等偽造文件,造工粗糙,語句亦與正式文件有異,市民要提高警覺,避免受騙,別因愛沖婚頭腦。

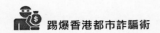

06
資產轉移騙案

　　「資產轉移計劃」除了可以哄騙一班求職心切的學生哥，有社會工作經驗的成人一樣受騙！

🔍 個案透視

陷阱 1：欲把內地資產轉移至香港，誤中地下錢莊陷阱。

　　深圳設廠多年的港商徐先生，今年決定退休，他深圳某銀行分行行長李先生有點交情，於是想托他把資產轉回香港。李行長表示可通過調配手中的外匯管控指標協助轉款，但須收取五百萬，徐先生同意，並旋即支付這筆「手續費」。半年後，徐先生將廠房變賣，取得六千三百三十七萬元。徐先生分三次將款項匯入李行長指定戶名為賴Ｘ芬的銀行帳房內，當中首兩筆款項順利轉往香港，但第三筆卻少收八百萬元，徐先生再三追問，李行長才承認根本沒有所謂的外匯管控指標，只是通過地下錢莊匯款，而賴Ｘ芬也下落不明。李行長承諾三個月內還款，並立下借條，但最後只還了一百七十五萬元，之後更去如黃鶴。

　　徐先生因追討不到餘下六百二十五萬元，以李行長職務侵佔為由提出訴訟，法官將案件轉交深圳寶安區公安分局調查，公安不久發現，徐先生將巨款存入地下錢莊人員賴Ｘ芬的戶口後，不久款項被分轉往五個戶口，之後各向一百多個

戶口轉款，化整為零後再經不法渠道轉往香港。

陷阱 2：中年婦誤入黑店，匯款去如黃鶴。

彭女士內地姊姊希望置業，向她相借人民幣三十萬港元，她指因從沒匯款經驗，有同事告知深水埗一間找換店匯率較高，與銀行匯率連手續費有約五千港元的差價，於是到該店，拿現金匯款到姊姊內地帳戶。她指當時職員稱由於當日是周日，款項將於周一下午三時多轉帳，並有收到收據，形容該店感覺信得過，「有登記身份證、住址證明，加上行過附近其他舖，這間匯率最高便幫襯了。」

翌日下午 4 時，彭女士發現姊姊仍未接獲匯款，逐致電該店查詢，職員僅稱「公司戶口有少少問題，老闆正在解決」，彭小姐及後再多次親身到舖頭質問，之後在店舖即場報警，惟警方指因店舖仍在運作，無法當作詐騙處理；拿收據求助海關，當局亦指沒有足夠證據，她更向店家發出律師信，對方仍然未有理會。

陷阱 3：騙徒利用假入數紙，騙取找換店千萬匯款。

一名男子前往一間找換店，要求將二百萬美元兌換人民幣，並匯到內地指定戶口。由於找換店現金不足，女負責人將巨額生意「外判」予四間相熟找換店。男子及後將支票存款偽冒成戶口轉帳，傳來多張「入數紙」照片，其中三間店舖不虞有詐依指示匯款，被騙去一千萬港元。

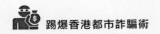

行騙模式大踢爆

在「陷阱 1」中，騙徒看中受害人怕麻煩的弱點，聲稱可以替他私下解決匯款問題。結果，匯款不成，反招損失。

精明防騙之道

不要經找換店或私下找人代為匯款，應直接到銀行處理，小心誤墮地下錢莊的陷阱。

07
利用虛擬貨幣騙財

虛擬貨幣近年備受關注，有騙徒亦利用虛擬貨幣設投資騙局，以豐厚利潤作招徠！

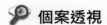 ## 個案透視

陷阱 1：帶你參觀亮麗 Office，令你放下戒心！

投資公司 Office 一般頗有規模，受害人 Zoe 形容，Office 佔地逾一千呎，有三間房和一個大廳，又聘請了十多名講師為會員舉行講座。Zoe 指，雖然開戶口所需金額由三千到五千美元不等，但公司稱五千美元戶口一年可達十三倍回報，因此身邊不少人都開設五千美元戶口。會員開戶後可運用電話應用程式與公司聯繫及買賣虛擬貨幣。後來發現資金不能提現，Zoe 質問推薦人和公司，但兩者卻互相推卸責任。

陷阱 2：發還少量款項息你怒憤，再以黑社會口脗恐嚇

另一名受害人徐小姐發現自己受騙後，想報警求助。公司職員馬上變臉，並威脅她：「老闆是黑社會，隨時殺了你！」後來又表示願意發還三十萬元，要求她不要報警。但一想到會員中有不少長者，她決定挺身而出。報警後她曾遭生命威脅，包括在群組內被恐嚇、收到具恐嚇字句的相片、收到大量無來電顯示的電話等。但為免其他人墮進騙局，她

相信香港司法制度可以制裁他們。

陷阱 3：把受害人投資的資產分拆

六十八歲已退休的林先生，經朋友下加入公司，投資了六十萬港元。每當想提現，公司都會推出新的制度，限制提現人的資格。甚至會無緣無故將他的資產分拆：4 成變作公司的「積分」、「基金」、6 成是可以提現的金額，惟每日只會釋放千分之幾。有次公司承諾可透過「掛賣」拿回金錢，林先生照辦，但未成功提現，決定報案。報警後林先生亦曾受恐嚇，威脅他會被殺害，又收到經塗改的相片。

陷阱 4：突封鎖戶口，迫你再注資

余女士最初經朋友介紹聽講座，感覺「幾吸引」就加入公司。她開了九個戶口，花了逾三十萬港元。投資初期，應用程式上題顯示的買賣數字都頗穩定，但後來出現不穩時，公司聲稱「無問題，只是有暫時改變，希望之後變好」。有日，公司突然封鎖所有戶口，改名作另一公司，並要求會員花一千美元「激活」戶口才可繼續使用。余女士身邊有朋友即使付了費，最後仍拿不到一分一毫。

陷阱 5：美好藍圖，聲稱「三代無憂」不再是夢！

有網上的「虛幣達人」高調推銷多種虛擬貨幣的掘礦機，並提供海外託管服務，每部價錢動輒過萬元，負責人聲稱可於三個月至半年內回本，一般市民靠掘礦「三代無憂」不再是夢。受害人之一 Tom 不虞有詐，向朋友借來數十萬元，瞓身求致富。

事隔三個半月，礦機的回本承諾遠未及預期，有虛擬貨

幣至今仍未發行，Tom 想取回礦機，卻被負責人多翻推搪。

🔍 行騙模式大踢爆

1. 職員推銷及游說受害人參加一項虛擬貨幣投資計劃，集團代他們投資，以五千美元為一個投資單位，每隔五十日便可分帳一次，三個月後投資者有機會可領回本金，一年後可獲逾十三倍利潤，而受害人每介紹一名友人加入，更可獲一成回佣。騙徒在受害人上釣決定投資後，會着他們將款項存入指定的內地公司或私人銀行開戶口，再透過公司手機程式開設個人戶口，聲稱可藉此控制及管理投資項目。不過，受害人投資多月仍未獲發還本金及利潤，且發現自己的投資戶口不能開啟。

2. 大家記得 2000 年時的「千年蟲騙案」嗎？當年公眾對系統問題的誤解令人啼笑皆非。自從去年 Bitcoin 大升引發環球熱潮，大量新興的虛擬貨幣陸續應運而生，突然之間 ICO（首次代幣發行）仿如煉金術，可以隨時點石成金，情況與當時「千年蟲騙案」相似。「虛擬貨幣」意指除了未被廣泛接納為交易媒介之外，亦沒有廣為接納作為貨品、服務、資產等的計價單位。首次代幣發行（ICO）可能被不法之徒用作洗黑錢，以及為恐怖份子籌集資金。

3. 雖然掘礦合約的推銷及賺錢方式，似足投資產品，但本港現有法例下，虛擬貨幣被視為虛擬商品，既非貨幣亦非投資產品，因此不受《證券及期貨條例》規管。坊間不少人認為掘礦合約有機會構成「集體投資計畫」，違反法例，但騙徒於合約中，列明向買家出售礦機，並提供託管服

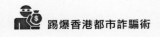

務，不符集體投資計畫中的管理財產定義，成功避過刑責。

🔑 精明防騙之道

1. 投資者須面對虛擬資產容易失竊、遺失錢包等問題，「挖礦」過程也要耗用大量的時間和電力。另外，首次代幣發行（ICO）亦可以被不法之徒，用作洗黑錢。

2. 虛擬資產的交易及相關活動有可能涉及各種高風險因素，市民參與時務必加倍小心，在未有全面了解產品的特性、運作機制及風險前，切勿跟風投機。

3. 情緒一直以來都是投資人最大的敵人，上漲時的過度興奮，下跌時的過度恐懼，都會引導我們做出不理性的決定。貪念及想賺大錢的念頭，是投資的最大敵人，保持理性！

4. 切勿投入你無法負擔的金額，一般建議是你可以配置資產的 5% 在虛擬貨幣上，別忘了虛擬貨幣市場還在相當早期，法規還不到位，沒有任何的保障可言，5% 的高風險資產配置，應該是大部分人可以接受的範圍。

5. 如果你不理解該項目的目標、存在意義、運作方式或是成功原因，你就不該投資該項目。

6. 了解貨幣背後的運作機制與勢能，只投資你做過研究的貨幣，獨立思考是你唯一的選擇！

7. 不要跟風，不要人買你有買！只要你足夠謹慎，做足功課，市場會給你獲利的機會。

交友騙案

網上情緣騙案、飯托事件都是近期人氣熱搜新聞，其實這種種事件都源自社交媒體和交友 App。有人說受騙者選擇上網結識異性，自討苦吃不能怪別人。

其實網上情緣亦有不少成功例子，而交友 App 並不一定是壞的選擇。重點是你要醒目兼有智慧地上網交友，避免誤墮交友陷阱。

01
利用社交網站騙財

單身女心急投入新戀情，可惜苦無對象，唯有轉戰交友App尋愛。唔好見自己平日精明，一旦在甜言蜜語攻勢下，心急脫單的你也很易誤墮愛情騙局！為免大家成為報紙上「網上情緣」騙案的受害者！

🔎 個案透視

陷阱1：假意幫忙，令你誤以為對方雪中送炭。

一名90後年輕女子May，一家五口居於簡陋的鐵皮屋，正準備買樓改善居住環境，此時May在社交網站結識一名自稱是設計師叫Thomas的男子，二人旋即墮入愛河。May一家當時計劃買樓改善居住環境，分別任職工人及在街市賣菜的父母，以畢生積蓄400多萬元，選購同區一個單位，並已繳付百多萬元訂金，剩下的360萬元存於長女的銀行戶口內，買樓事宜全權交由她處理。

據悉，May與Thomas拍拖時，曾向他透露家人的買樓計劃，並表示擔心買樓後不夠錢用，Thomas乘機聲稱可協助投資賺錢，又指自己在內地的姨姨很富有，May和姐姐商量後，先後多次向Thomas交上百多萬元。Thomas又趁May外遊時，再游說May的胞姊，指自己投資失利，需加錢「補倉」，否則血本無歸。大姊憂心百多萬元付諸流水，

遂再交出 200 多萬元予對方。Thomas 得手後從此失去音訊，May 人財兩失，兩姊妹這時才驚覺受騙，父母儲蓄多年的血汗錢化為烏有。

陷阱 2：藉援交服務騙財

18 歲少年用手機 Apps 結識了一名援交妹，援交妹聲稱可以提供性服務，但要求少年購買總值約 4 萬元的點數卡。少年不虞有詐，購買後援交妹消失得無影無蹤，少年始知受騙，於是報案。

陷阱 3：網戀男友苦肉計

48 歲姓張的女子透過 wechat 結識一名外籍男網友，雙方交往後混熟相約赴會，其間懷疑男網友行使「苦肉計」，表示周轉不靈，要求女事主「江湖救急」，幫手解決其財務困難。墮進愛河的張女深信不疑，先後 6 次將 20 萬美元現金存入男網友指定的外地戶口，之後男網友人間蒸發，不知所蹤。

🔑 行騙模式大踢爆

1. 騙徒必定首先了解你的感情狀況，看你是否容易受騙的高危一族，例如剛離開一段刻骨銘心的愛情、單身太久、失婚女性等等，這些都較易成為騙徒對象。這時只要騙徒乘虛而入，日日噓寒問暖，「獵物」很快跌入騙局。

2. 在「陷阱 1」的個案中，警方接報後，列詐騙處理，據知，警方發現 Thomas 每次均以「太空卡」手機聯絡 May，很難追捕。

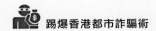

3. 女事主在交友平台認識男網友，繼而成為網上朋友甚至情侶後，男方利用雙方關係用不同藉口向事主借錢，取錢後就失去蹤影。

4. 有受害人被男網友誘騙出外會面，男子藉詞電話缺電，向女受害人借用智能手提電話，然後趁機逃去無蹤。

5. 更有女受害人因為誤信一名男網友為女醫生，而將自己的裸照傳送予該男子作診治用途，其後被該男子威脅進行性交，否則公開其裸照。曾有女受害人女受害人在網上傾談期間，應對方要求裸露身體，最後遭勒索。

6. 受害男子在網上結交女網友，在向女網友提出外出會面時，女網友（騙徒）藉詞要外出保證金，確保自身安全。

🔑 精明防騙之道

1. 不要只看照片就斷定對象是否合適，而忽視其他更重要的個人資料。透過了解他的背景和興趣等，仔細分析他的性格是否適合你。注意有些人的個人檔案會完美得有點不真實。

2. 在網上認識朋友，Google 絕對是你的好伙伴。搜尋對象的照片和背景，例如在 LinkedIn 查看其職業的資料，確認他提供的資訊屬實，若你發現他所說的與事實有所出入，就要小心提防！

3. 儘管你與對方交換了 Facebook 帳戶，然而 Facebook 帳戶也可以是虛構的。虛構的 Facebook 帳戶有以下特徵：

· 朋友數目少

· 沒有很多團體照

CH. 6 | 交友騙案

- 相片模糊不清
- 大多數照片都沒被標籤
- 長期沒有 like 和留言

4. 你要保持清醒，韓劇中高富帥愛上平凡少女的情節還是比較罕見。

5. 信任和尊重是一段穩定關係的基礎。不要因為對他的表面印象好而依戀他。

6. 不要匆忙地開始一段關係。

7. 讓你的朋友知道你的交友進展、你跟誰在聊天、你對誰有興趣。朋友了解你，加上旁觀者清，很多時候比你更早發覺警號，能夠及早提醒你。

8. 不要隨便在互聯網上披露個人資料及照片；

9. 不要接受網上結交的陌生人所提出的不當要求，例如借錢、提供戶口及信用卡資料、在私人地方會面，或傳送個人私密照片。

02
美男計 VS 美人計

無論是美男計，或者美人計，都是覷準受害人寂寞的心，利用甜言蜜語，騙財又騙色！

🔍 個案透視

陷阱 1：用美男計，利用 Facebook 或 WeChat 結織女性！

受害人施小姐則稱，在交友網上認識自稱 Cloud 男士，對方解釋名字意思是「伊甸園上的一片雲」。二人首次約會見面，Cloud 以預約美容療程為由，帶施小姐到美容院。

美容院職員落嘴頭，讚美 Cloud 是真命天子，令少女心花怒放，甘願付錢買昂貴療程。

又另一些受害人上到美容院後，不想購買療程。此時，暖男突變賤男，將她關在房間內「遊說」2 小時，最後碌卡 7 萬元購買約 50 次療程，事後美容師當面向「暖男」贈送療程，以答謝其介紹生意。

另一位有皮膚敏感的受害人苦主 Cathy，則在自稱「Andy」的男士介紹下，花費 3 萬元購買 10 次療程，惟 Cathy 首次使用清潔儀器後，面部紅腫感到刺痛，其後發現該儀器有磨皮功能。她指出，簽署合約時，美容師用手掩蓋合約部分條款細節，並稱療程未有使用限期，事後才知療程需在一年內使用。

陷阱 2：飯腳男中美女計，最終被劏到「一頸血」！

受害人阿 Ben，他早前在交友 App 認識一名少女，對方說剛失戀想找人陪食飯，結果被帶上該 Café，埋單八百元。他形容，食物難食，一食完飯，就再搵唔到佢！之後阿 Ben 跟蹤少女，發現她不斷有帶其他男人上去食飯！其中有男伴在少女離開前仍關心地問：「妳都冇乜食嘢，啲外賣妳攞返去食啦！」惟當男子遞上外賣轉身離開後，少女隨即將外賣丟進垃圾桶，然後見她趕去會合下一位「飯腳男」。直至凌晨十二時 Café 關門前的短短五個多小時內，該少女後已約會了十二名「飯腳男」。

阿 Ben 相信，這些「美女」是由食肆聘請拉客，然後抽佣或拆賬。

🔍 行騙模式大踢爆

1. 施「美男計」誘買貴價美容療程的騙局中，女受害人的年齡一般介乎二十六至五十歲，她們都稱曾在 Facebook 或 WeChat 上，認識一些自稱心地善良的男子，這些「暖男」特徵包括愛家人、小朋友、動物等，更會自稱基督徒迎合女事主性格。惟多名女事主應邀見面後，卻被帶去美容院強迫購買美容療程，涉及金額由六千元至三十萬元不等。

2. 首次見面時，「美男」會帶女受害人試做美容療程，誘使她們購買美容療程票，若女受害人拒絕，「美男」就會說：「你唔買我好無面。」有女受害人在被遊說達三小時後，最後亦買下療程，惟之後「美男」便失聯。

3. 以往騙徒多集中在交友網站找尋目標，但現時有騙徒會直

接到一些受歡迎的網上群組，或者一些非常受歡迎的運動項目或烹飪節目頻道，因為相關的用戶群組消費力一般較高，能騙得的金額自然較高。不過，行騙手法始終萬變不離其宗，騙徒一般依然會使用他人的照片，扮成專業人士向受害人虛寒問暖，再利用不同的藉口騙財。有騙徒訛稱自己是跨國公司管理層，又為公司製作假貼文或假網址、偽造數十個假帳戶扮成員工等，令受害人信以為真。

5. 「美女飯局」這種技倆，其實在中國早已出現，又叫「飯托」或「飯腳」，美女們會透過交友網站或交友 App 尋找獵物，相約對方見面後，就帶他們前往指定的酒吧或餐廳吃飯、飲酒，最終埋單收取天價費用，若有人不夠錢，少女會陪同往提款。收錢後，美女這時就藉口上廁所，逃之夭夭。這些被稱為「飯托」、「酒托」的美女就可從中分佣，以多勞多得制，騙得越多人，佣金賺得越多。　不過最令這班「飯腳男」氣憤的是，少女真人與交友 App 的頭像判若兩人，而且大部份人只吃了兩啖、兩分鐘都未夠，就被催促離開。期間，女方電話不斷響，好像很多約會一樣。然後，女方會用不同藉口，例如話阿媽冇帶鎖匙，言下之意要即係走。

🔑 精明防騙之道

1. 做得騙子，當然要漁翁撒網，所以「美男」絕不會同一時間只跟一個人單獨對談，可能是「一打十」甚至「一打一百」。就要小心測試一下對方有否前言不對後語，又或是他經常忘記你倆的對話內容，這可以顯示對方根本對你

俪的對話不投入，有意發展的機會很微。他很可能只對你的錢或是身體有興趣。另外，騙子的對話很少打你的名字，最大原因是他怕搞錯，叫錯對象的名字。

2. 私人地方容易被劫財劫色，但公眾地方如美容店、投資公司等一樣有風險！對方可能會假借做 facial、幫你理財為由要求你付錢。另外約食飯也要留意選址，唔好去高級餐廳，以免對方大安旨意要你埋單。

3. 別以為初次見面，對方請客等同大方，佢可能故作有風度，出少少錢令你有好感，然後再以其他借口游說你付出更多錢，例如以自己生日為藉要你送手錶、電話；帶你去時裝店選購名貴服飾；以投資或家人生病為由要你巨額匯款。

4. 當你有興趣同對方作進一步了解，不妨交換社交媒體帳號，深入了解對方日常生活。記得提防對方提供假 Account，或者佢話完全唔玩 Facebook、instagram 就要小心，可能他害怕被拆穿真面目！

5. 若雙方結識只有幾天，對方已經很猴禽 honey 前 honey 後稱呼，態度十分親暱，發展速度超乎預期，中伏機率大大提升。

6. 異地交友最難試出對方身份，危機最大，無論如何，在未百分百了解對方，一定要死守銀行戶口及銀包。

7. 所謂「旁觀者清」，同身邊密友分享心儀對象、訴說心動經過，詳述見面細節及提出可疑情況，局外人更易睇透你這段關係，受騙機會自然大減。

8. 切忌聽到「I miss you」或「I love you」時便暈晒大浪，認真搞清楚對方企圖，否則隨時被騙財騙色。

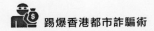

9. 除非你亦有天姿國色、氣質出眾，否則，那些接近神的男人豈會看上你？這個筍盤很有機會是假戶口，是詐騙集團的小技倆而已。

10. 可要求對方與自己進行視像通話，一般來說，如騙徒遇到有關要求的時候，都會拒絕並隨後消失。

11. 在「飯腳男」事件中，男士可以一開始提出「AA 制」或只付自己的部份，如果女方和餐廳都同意，就可以赴約。

租樓 / 買樓騙案

買樓或租樓人士最忌入住凶宅!

一旦住進凶宅,心理上會承受無形的壓力,終日擔驚受怕。

業主則最忌遇上租霸!

業主將畢生積蓄買樓,希望出租後靠收租過活,卻不幸遇上惡租霸。

租霸對欠租沒有半點罪疚感,反過來對付業主,包括向家具潑紅漆、燒焦門框、違規改建露台、鑿毀天花石屎至露出鋼筋等。筆者在本章會提供一系列避免誤購凶宅、避免遇上租霸的錦囊妙計。

01
業主 / 經紀夾計隱瞞真相，
誤買凶宅仍懵然不知

買二手樓最忌買到凶宅！

其實，整個買賣過程中暗藏不少陷阱，稍有不慎便很易中招，置業未能安居，反招來損失。

🔑 個案透視

陷阱 1：誤買凶宅居屋

張女士以八十多萬元購入一居屋單位。當她遷進上址不久便有怪事發生。她憶述，經常在半夜三更聽到有把男人聲在她耳邊大叫，她驚醒起來但發現四周無人。初時以為自己錯覺，後來大兒子經常話好驚，但又說不出因由。

直到有一次，有朋友探張女士，朋友驚慌地指在她家中鏡中倒影見到一個戴眼鏡的男人，神情兇惡！為求心安，張女士曾請法師打齋超度。

連串怪事發生後，張女士從左鄰右里中得知前業主是一名中年男人，早年在單位內服藥自殺。兩年後該單位由前業主的承按銀行回售給房署，房署再將該單位推出市面重售。

張女士不滿房署從來都無講過單位發生過命案，如果中心職員早些講出真相，她一定不會買。

陷阱 2：誤買凶宅公屋

劉先生輪候公屋多年，某年終獲配一個單位，她滿心歡喜前往參觀，此際鄰居告知劉先生單位內曾有人跳樓自殺。

劉先生稱，沒參加房屋署的「特快公屋編配計劃」輪候不受歡迎單位，房署職員亦沒有告知他該單位是「凶宅」。他最終沒有接受是次編配，並埋怨如果房署一早告知，他一定不會要！

陷阱 3：代理涉隱瞞，買家誤購凶宅

事主王先生透過地產代理行購入一個單位。他指出，負責的代理從沒告知單位內曾有人死亡，直至簽署臨時買賣合約時，才發現土地登記冊的資料列明有人在單位死亡，但代理當時稱只是一般生老病死，現任業主也不知情，並稱該單位很搶手、銀行又批按揭，不會是「凶宅」，王先生信以為真，最終支付了訂金。

其後王先生自行翻查土地登記冊資料，始發現有人從單位跳樓自殺，遂與代理交涉，結果業主減價十萬元。代理又稱若放棄交易，業主必殺訂，不停遊說他完成交易，並稱可馬上代為放盤，結果他再付第二期按金，但最終因凶宅無人問津，被迫撻訂，損失三十多萬元。

事後王先生曾向其他地產代理查詢該單位的資料，原來業內人士一早已知道該單位是「凶宅」，他質疑有人刻意隱瞞資料，令他誤購凶宅，損手收場。

🔍 行騙模式大踢爆

1. 無良經紀為求賺取佣金，未有如實向買家披露單位為凶宅，又或者業主存心隱瞞，擔心如實披露會賣不出。

2. 至於有受害人經房署分配到凶宅，筆者深信房署並不是有心隱滿，也沒有行騙動機，房署職員在揀樓階段已盡力將所知資料告知準買家，只是回購單位業權曾由其他人士擁有，房署無法掌握更全面的資料而已。

🔑 精明防騙之道

1. 普遍中國人認為凶宅是不吉利，購入了凶宅的市民，心理上承受無形的壓力，終日擔驚受怕。為了避免墮入凶宅的陷阱，大家要留意下列六點：

攻略一：向銀行估價

動筆簽署臨時買賣合約前，先向銀行估價。在銀行眼中，凶宅是次級抵押品，一旦貸款者無力償還貸款，銀行也不能憑該抵押品取回十足貸款額，故此會壓低物業估價，通常為市值 30% 至 53%。但銀行通常不會主動向估價者透露此乃凶宅，估價者應主動追問為何估價偏低。

攻略二：問地產經紀

宜向經紀查詢心儀的單位是否凶宅。若他輕率地加以否認，而事後證實原來此乃凶宅，日後便可以此為由向經紀興訟，追討損失。

曾有一名苦主就以此為由在法庭中獲判勝訴。事緣一名商人透過某地產代理公司購入一個豪宅，當時他曾向經紀

查問物業是否有人死過，但該經紀輕率地加以否認。事後證實原來單位內確曾發生命案，一名男童在此墮樓身亡。審訊後法庭裁決該地產代理公司有責任為買家展開合理調查，但該經紀沒有這樣做，實有違對買家的責任，故此判定該地產代理公司敗訴，並須支付買家損失。

攻略三：問單位業主

在簽約前務必向業主及經紀查問清楚，若能取得對方書面回覆更佳。

攻略四：加入特別條款

在買賣過程中，應主動向地產代理查明單位過去歷史，並在睇樓紙及買賣合約條文中，寫明業主保證單位內沒有發生過命案，否則可取消交易。

攻略五：上網查凶宅

網上有很多有心人將全港凶宅的資料整理出來，大家可自行上網（如 http://search.whoms.net 等），查看心儀屋苑有沒有發生命案。

02
租霸長期欠租，臨走前惡意破壞單位報復

有小業主將畢生積蓄買樓，希望出租後靠收租過活，卻不幸遇上惡租霸。社會竟然有這種無賴！欠租沒有半點罪疚感，反過來對付業主，包括向家具潑紅漆、燒焦門框、違規改建露台、鑿毀天花石屎至露出鋼筋等。

🔑 個案透視

陷阱 1：租霸搬走前惡意破壞單位

小業主陳女士早年將港島區千呎物業招租，希望以租金維持生活，某年她將單位租予一名黃姓男子。但該租客入住半年後便開始欠租，又拒交高達八千元的水電費，陳女士的親屬代為追討時，對方卻聲稱不會交租，除非業主貼錢給他搬屋。

陳女士於是透過律師入稟區域法院申索，但租客卻數度提出反申索來拖延，翌年陳女士因有經濟困難被迫終止申索，改為自行向土地審裁處申請欠租收樓，租客則以區域法院正在處理反申索、因病無法出庭、要求更換法官等理由拖延，令案件經過多次排期審訊及上訴程序，直到年底才在租客缺席下裁定業主得直。

訴訟期間，黃姓租客曾提出庭外和解，但反要求陳女士

支付十數萬元才肯走,真匪夷所思!

陳女士最終經執達吏收回物業,卻發現單位內有蓄意破壞的痕跡,大門被損毀,家具被潑上紅漆。

陳女士見黃姓男子斯斯文文,又有家室,才租屋給他,詎料惡夢連場,迄今租客所欠下的二十萬租金仍未收回,只剩下一屋的爛攤子。

陷阱 2:以死相逼,賴死唔交租

業主蔡先生數月前透過地產代理將套房出租,女租客姓陳,住了幾個月後表示無錢交租要搬走,但租客一直沒有將單位交出,仍住在單位賴死唔走。

一天,蔡先生偕妻子再往收樓,租客拒絕搬走,又聲言跳樓,蔡先生報警求助,警員到場調解,指事件為租務糾紛,需循民事追討,然後收隊。

警察離開後,雙方繼續隔門互罵,租客大叫說:「我方話唔搬!你想逼死我呀?我死畀你睇㗎!等單位變了凶宅,睇你租唔租得出!」

蔡先生無奈偕妻離開,他慨嘆倒楣,因兩年前他曾遇上租霸,對方更「手腳唔乾淨」,偷去單位內價值八千元的首飾。

🔍 行騙模式大踢爆

1. 以下是「租霸」的行騙惡行：

· 陷阱 1：周六支票交款簽約

　　「租霸」會刻意於星期六簽署租約及以一次過形式繳交租金、上期及按金等款項，由於涉及款項為數不少，給予業主一定信心，業主往往會即時把鑰匙即時交給「租霸」，到星期一才發現「租霸」所交的支票出現「彈票」情況，但屆時「租霸」已遷入物業，要把租客趕走都需要一段時間。

· 陷阱 2：糧單不代表收入穩定

　　「租霸」租屋時，會主動提供如糧單及名片等資料，但事實上這些資料是很難保障業主本身的利益，因為「租霸」出示的多為過去入息紀錄，所以糧單很難保證他們目前的收入狀況。因此糧單並不足以證明「租霸」客本身收入的穩定性。

· 陷阱 3：「租霸」利用申請期「奉旨」自住

　　如遇上租霸，業主可聘請律師到法庭申請傳票，要求收回所擁有的物業及向租霸追回欠租的款項；但由於申請時間較長，對較為熟悉程序的「租霸」而言，這段申請時間等於給他們一個「奉旨」免費佔用物業的藉口。

· 陷阱 4：以為「公司約」很穩陣

　　十多年前，香港貿易商業發達，很多外國公司為在港的員工租用宿舍，當時地產代理行及業主均普遍認為以公司名義租用物業的租約會較為穩陣；但時至今日，由於成立公司的手續簡單、費用不多，而有限公司倒閉後又不須為債

務負上責任。

· 陷阱 5：「租霸」扮豪客搏信任

一些「租霸」會假裝豪爽來奪取業主信任，即使租金比市價高，都不會與業主討價還價，還催促業主早點簽訂。因此，如業主遇到闊綽租客亦要小心提防，他們入住後就會露出真面目！

🔍 精明防騙之道

1. 業主要嚴選租客，要求租客出示公司任職證明，並核實資料，如有懷疑，可查閱坊間組織提供的租霸黑名單。另外，應避免跟不知名的有限公司訂立租約，因為香港法例下這類公司負的是有限責任，如果欠租，即使將其清盤，也未必可追討回租金。

2. 所有和租客訂定的協議，要白紙黑字記下來，租約有效期必須清楚，有沒有死約或生約之分，其他資料如差餉、地租、管理費由誰負責，以及在甚麼情況下業主可扣除按金等，都應該一一詳細列明。

3. 一般租務糾紛一旦訴諸法律行動，未加蓋印花的租約不能作呈堂證據，如補打釐印，政府會收取高達原印花稅十倍的罰款，因此業主宜在租出單位後，即時為租約打釐印，保障自身權益。

4. 業主不應容許租客以按金代租金，如果租客強行，業主可控告租客欠租。

5. 業主可要求準租客提出工作證明，以證明他的確有交租能力。一些租客會因私隱條例之下有權不提供入息證明，

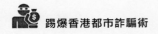

但若是好的租客，都會願意提供，反而是職業租客（俗稱
租霸）會找多多理由而不提供。

6. 租客如果是公務員，或持有專業資格，如教師、律師、
   會計師、醫生等一般較穩陣，絕不會為少少租金而自毀
   名譽。

7. 業主可要求準租客提供工作地點，簽臨時租約嘗試打電
   話到他公司，查證一下該公司是否有此人。若日後租客
   欠租，或賴死唔交租，又不接聽業主電話，業主都可以
   有途徑找到他。

8. 租霸通常話用支票給業主，而換取即刻入住，而結果當
   然是支票會彈票。業主對這類準租客要提高警覺！

9. 如租客欠租，切勿獨自上門追租，以免被租客投訴騷擾

03
假扮業主行騙圖利

近年地產物業市場更成為騙徒「開餐地頭」。騙徒偽造身份證假扮業主，騙取物業按揭貸款，或是訛稱放售單位騙取訂金，本小利大。

🔍 個案透視

陷阱 1：冒充業主放售物業，騙取買家訂金。

詐騙集團訛稱是大圍屋苑的業主，欲以一千萬港元放售單位，其後指派一名男子，手持與真正業主同名的假身份證簽訂「臨時買賣合約」，並收取買家值約三百萬港元的訂金支票。期間，買家想睇，但詐騙集團以物業租客拒絕。

此外，集團又找另一名男子將名字改成上述業主，並到銀行開戶口，讓集團將該筆款項存入銀行。事件中，騙徒是使用偽造身分證，冒充業主放售物業。

陷阱 2：騙徒偽造文件，冒認業主騙取按揭貸款。

一名騙徒冒認是一所豪宅某單位業主，並利用該名真業主的個人資料偽造水費、電話費及銀行月結單等一系列文件後，利用假樓契、假身份證向財務公司成功申請到一千萬港元的按揭貸款，騙徒並以真業主名義開設銀行戶口，接收貸款再提走。

真業主何先生一直懵然不知，直至收到財務公司的追數

來電，才驚覺單位「被按揭」而報警。律師調查後，發現何先生單位已被抵押。何先生稱，其屋契一直放在銀行保險箱，另外他約十年前曾遺失身份證，估計證件被不法份子盜用來犯案。

陷阱 3：一屋兩賣，假業主騙百萬訂！

遭假冒業主的單位是一個一千五百呎的低層單位，由姓陳的內地男子透過一間地產公司以一千三百萬元購入。翌年，有自稱是「業主」的陳先生聯絡另一間地產公司，報稱要以三萬元放租單位，但其後表示不出租，改以九百九十萬元放售單位。

據悉該名「陳先生」偽造與真業主姓名相同的身分證明文件，同一時間最少在六間地產公司放盤，叫價更低至八十八十萬元。由於當時同類單位售價可逾千萬，該名「陳先生」的開價屬「筍盤價」。其後多名買家表示有興趣，「業主」則以「等錢駛」為由，要求一眾買家繞過真正業主的律師樓，直接以支票支付一成訂金及簽訂臨時買賣合約。

最終兩名買家為搶「筍盤」，透過兩間地產公司各落訂數十萬元，騙徒其後現身及出示疑偽造的中國護照，簽訂臨時買賣合約並取得逾百萬元訂金後離去。其後買家透過律師與真業主的律師聯絡，要求盡快簽訂正式合約，才知單位從未放售，始知受騙！

🔍 行騙模式大踢爆

1. 騙徒事先查證單位業主的真名和身份證號碼，再將仿真度極高的假身份證交給地產代理和律師樓處理物業買賣。接著，騙徒改名以假身份證到銀行開戶口，然後以假證件扮業主向地產代理放盤，並以有租客為由，拒絕讓準買家睇樓，惟放售價錢一般較市價低或議價空間較大；有騙徒甚至會租下目標單位，然後再冒認業主放售，讓買家睇樓以減低戒心。

   騙徒之後會再扮業主跟律師樓簽署臨時及正式買賣合約，以騙取買家的「細訂」及「大訂」，並在銀行兌現支票及提取贓款後逃之夭夭，直至律師去信予真業主通知交樓事宜始知受騙。

3. 他們以假身份證扮業主，用一個較廉宜的價錢去吸引買家。由於現時樓市下滑，市面上間中會有「跳樓貨」，買家容易信以為真。若果買家是投資者，會看租金回報，不一定像用家那樣，堅持睇樓。只要回報率吸引，投資者不看也會買。

4. 用作行騙的物業通常都有按揭，假業主就可以說樓契在銀行手裡，被委託代辦樓宇買賣手續的賣方律師，會去信銀行調借樓契。銀行見有律師樓擔保，通常都會放行。當買方律師收到樓契後，只要認為業權沒有問題，就會放錢給賣方律師，而賣方律師就會把樓款先用來贖契，餘款就會給假業主。假業主便第一時間把錢匯去外國，然後遠走高飛。

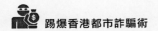

🔍 精明防騙之道

1. 如放盤較市價略低，又未能安排睇樓，應有所警惕，核實業主身份。

2. 如發現單位近期才出租，業主不理死約即放售，亦要有戒心。

3. 地產經紀若與業主不相熟，交易前可仔細查冊，或聯絡曾替業主處理成交單位的律師，弄清楚真正業主身份及簽名。

4. 買家可透過律師行「落訂」，以提高交易的安全性。

04
家賊難防

「家賊」專盯親友，他們利用家人的信任，冒充家人的簽名按樓或借錢。有專業騙徒甚至假扮成大家的親友，騙取金錢。

🔑 個案透視

陷阱 1：青年被誘投資倫敦金，與他人合謀抵押父母物業借錢。

阿棟在網上認識了一名在金融公司任職的女子「Doris」，該女子誘阿棟投資倫敦金，又介紹一名叫「Eric」的男子給阿棟認識，阿棟在「Eric」的指示下，提供了父及母的身份證影印本，又曾到該財務公司，及律師樓等地方簽下多份文件，但阿棟不太清楚該些文件的內容及性質，最後獲批貸款。

阿棟又稱在扣除行政及律師費用等，他實取得約三百萬，他付了「Eric」約二百萬，之後又借他五萬。另用三十萬投資至「Doris」的公司，餘下的錢用作吃喝玩樂。

阿棟的父母及後收到追數信，指他們要連本帶利還逾三百五十萬元。阿棟父母此刻才知所住物業遭人用作抵押貸款，但他們從未簽署任何授權書或委託書，於是報警。

陷阱 2：冒父母簽名「按樓」

倉務員阿榮與妻女免費入住父母全資購入的將軍澳單位。惟阿榮嗜賭成性，欠下逾八百萬元賭債。財困之下，他竟偽冒父母簽名，授權自己「按樓」，成功獲批八百五十萬元按揭貸款。父親直至收到財務公司追數信件，始揭發事件。

陷阱 3：假冒親人騙財

「點數卡騙局」應該唔少人都聽過，就是扮係親友家人有緊急情況，傳訊息要求受害人到便利店代買遊戲點數卡，金額成千上萬。藝人黃建東媽媽中伏了，她收到「姨丈」的 WhatsApp，原來騙徒 hack 咗入黃建東媽媽的手機，阿媽以為「姨丈」出事好想幫佢，連問都無問過姨丈一家，就衝去便利店碌卡，可憐她連點數卡是甚麼都不知道。

🔍 行騙模式大踢爆

1. 防人之心不可無，這句說話一般應用在交朋友上。但誰想到家賊難防，欺騙自己的人不是朋友，竟然是自己的家人。「家賊」專盯親友，他們利用家人的信任，冒充家人的簽名按樓或借錢。

2. 在「點數卡騙局」中，騙徒主要透過 WhatsApp 驗證碼騎劫受害人的帳號，手法可分為兩步：
   首先，騙徒會於物色保安設定不足的帳號，以帳號向其親友發訊，以自己遺失手機、電話固障等藉口，要求親友傳送 WhatsApp 驗證碼或按下超連結，同一時間騙徒嘗試登入親友的 WhatsApp 帳號，向受害人傳送驗證碼或超連結。

第二步，受害人的 WhatsApp 帳號成功被騎劫後，騙徒可看到帳號曾加入的聊天室、成員電話等，接著假扮為該帳號，再向其他親友要求代購點數卡。

由於其他親友看到是由熟悉的帳號來訊，很容易相信對方並買入點數卡，再傳送單據給騙徒。

🔎 精明防騙之道

1. 即使親如屋企人，都切勿透露自己的一切帳戶密碼或銀行戶口資料。

2. 在「點數卡騙局」中，如收到親友要求傳送驗證碼應小心提防，又指如果突然收到不明來歷的 Whatsapp 超連結切勿打開，以及可以於 WhatsApp 程式啟用雙步驟認證，設定一個 6 位數安全密碼以加強保安。

3. 如對方聲稱為你的親友，以不同原因向你借錢，你應直接致電該親友核實其身分。

05
隔山打牛，墮海外投資騙局！

外國出現爛尾樓或各種陷阱並非新鮮事，很多受害人誤買爛尾樓後「中伏」，及後因保險公司清盤、訂金難追等等原因而無法追討訂金，最後只剩下一殼眼淚。亦曾有苦主在購買樓房後發現貨不對辦，同時遇上出租問題，當初的「保證租金回報」亦全是空話。

🔍 個案透視

陷阱 1：商舖變爛尾盤

業主投資的商舖和住宅盤，隨時爛尾盤！

珠海商舖買主中伏！事緣是當初投資者看準某珠海商舖背靠國有企業，而放下戒心。豈料，該國有企業後來撤資，令項目因失去資金而停止開發。至今，項目的位置已成一片爛地，莫說鋪位，連牌號亦被去除。有內地苦主更指即使能循法律途徑控訴，亦可能因賠償對象欠奉而未能成功追討賠償。

另外，號稱投資超過三十億人民幣、為國家重點投資項目的江門市「光博匯」中途停工，導致樓花買主收樓無期。政府支持加上龐大項目規模，吸引大批投資者投資超過二千萬元，最終血本無歸。

陷阱 2：投資的項目貨不對辦

Sam 以市價一至四倍價錢買入美國休斯頓的別墅，合共涉及金額達二千萬。但之後發現別墅環境惡劣，根本不是代理所指的豪宅區，很多空置別墅被人擅自侵佔，滿佈垃圾。部分更改為維修工場、非法侵佔，Sam 最終須支付龐大的維修費，損失近五十萬。

另一位買家郭小姐表示，購入一棟聲稱新裝修的三房別墅，兩年間，她獲得近八萬元租金回報。不過，該物業原來一直被用作維修工場，從未向外租出，屋內環境殘舊不堪，多處牆壁明顯破損，須要用木板封擋。雖然物管公司其後賠償約五萬元，但由於維修費用龐大，最終只能超低價出售物業，連同律師費等開支，共損失約五十萬元。

🔎 行騙模式大踢爆

1. 現在科技發達，有 360 度相片和視頻，又有網上 Google Earth 和 VR 實景等，騙徒就是利用科技的先進，令買家以為不需要親臨實境就已經了解項目的全貌。

2. 有些個別代理會向買家「拍心口」物業定能做到按揭，令買家信以為真！注意：若買家簽約後才發現原來銀行估價不足，部分更與樓價相差數十萬元，變相要繳付的首期大增。因此，買家簽約前應先向在海外設分行的本地銀行估價。

🔍 精明防騙之道

1. 海外投資騙局的調查十分困難，主因是物業、發展商、資金流、證人均在其他司法管轄區，令拘捕及檢控均有障礙，須跟海外執法機關合作調查，至今警方暫未有任何款項能夠追回，和拘捕任何人士。大家投資海外物業，須承擔此風險。

2. 買家投資海外樓市時應先足分了解當地的制度，以保障自身利益。不少國外投資地，如澳洲和新加坡等，法律相對較為有保障。

3. 在各地買樓前，亦要查清楚該物業的背景資料，如前業主有否欠繳管理費、城市稅，甚至會否涉及業權訴訟等。買家應親身到當地實地考察，甚至向相關部門查閱地區規劃圖。買家亦須細閱大廈公契，如大廈財政狀況等，均直接影響管理費的調整。另外，你購買的物業周圍有甚麼人居住、生活習慣如何、生活開支如何，都影響物業的價值。所以投資海外物業，需要到當地考察！

4. 為減低「爛尾」風險，買家應善用網絡平台，搜尋項目發展商背景及過往已落成的樓盤，首選大型發展商。部分規模較細的海外發展商會以貸款購入地皮，並要盡快出售單位還債，若項目銷售不佳的話，發展商或未有足夠資金再興建項目，便會「爛尾」。